플래닛미디어의 〈세계의 전쟁〉 시리즈는 고대에서부터 현대까지 역사를 바꾼 세계 주요 전쟁과 전투, 그리고 무기를 비롯해 전쟁에 관련된 주제를 다룬 책들을 엄선하여 소개하는 시리즈입니다. 세계 최고의 군사 전문 출판사인 영국 OSPREY의 〈Campaign〉 시리즈를 시작으로, 전쟁과 군사에 관련된 각 분야의 바이블이라 할 수 있는 책들을 폭넓게 소개해나갈 것입니다. 이 시리즈의 기획과 출간에는 한국국방안보포럼(KODEF) 소속 분야별 전문가들이 함께 참여하고 있습니다.

한국국방안보포럼은 21세기 국방정론을 발전시키고 국가안보에 대한 미래 전략적 대안들을 제시하기 위해, 뜻있는 군·정치·언론·법조·경제·문화·매니아 집단이 만든 사단법인입니다. 온-오프 라인을 통해 국방정책을 논의하고, 국방정책에 관한 조사·연구·자문·지원 활동을 하고 있으며, 국방 관련 단체 및 기관과 공조하여 국방교육 자료를 개발하고 안보의식을 고양하는 사업을 하고 있습니다. http://www.kodef.net

# 마라톤 BC 490

Campaign 108 : Marathon 490 BC

First published in Great Britain in 2002, by Osprey Publishing Ltd.,
Midland House, West Way, Botley, Oxford, OX2 0PH.
All rights reserved.
Korean language translation ⓒ 2007 Planet Media Publishing Co.

이 책의 한국어판 저작권은 대니홍 에이전시를 통한 저작권자와의 독점 계약으로
도서출판 플래닛미디어에 있습니다. 신저작권법에 의해 한국 내에서 보호를 받는 저작물이므로
무단 전재와 복제를 금합니다.

세계의 전쟁 ❺

# 마라톤 BC 490

페르시아 제국의 무패 신화를 깨뜨린 마라톤 전투

**니콜라스 세쿤다** 지음 | **리처드 후크** 그림 | **정은비** 옮김 | **한국국방안보포럼** 감수

| 감수의 글 |

'마라톤'이라고 하면 누구나 42.195킬로미터를 질주하는 인간 기관차들의 모습을 떠올릴 것이다. 마라톤 경주의 유래가 된 마라톤 전투가 바로 이 책의 주제이다. BC 490년, 아테네군을 주축으로 하는 그리스 연합군은 침략해온 페르시아군을 마라톤 해안가 평원에서 격파했으며, 필리피데스(혹은 에우클레스)라는 한 젊은이가 100리 길을 달려가서 이 승리의 소식을 아테네에 전달한 뒤 곧바로 숨졌다고 한다. 이를 기념하기 위해 고대 올림피아드 경기에서 장거리 경주(마라톤)가 시행되었으며, 쿠베르탱 남작이 근대 올림픽 경기를 부활시켰을 때 마라톤 경주는 처음부터 '올림픽의 꽃'이 되었다.

마라톤 전투는 마라톤 경주의 유래가 되었다는 사실 하나만으로도 후세 사람들의 관심을 끌기에 충분하다. 그러나 이 전투는 역사적·군사적으로 매우 중요한 의미를 지니고 있어서, 군인들은 물론이고 역사와 인문학에 두루 관심을 가지고 있는 일반인들도 관심과 흥미를 느낄 만한 주제다. 예컨대 풀러(J. F. C. Fuller) 같은 저명한 군인이자 군사사학자는 마라톤 전투의 승리가 '유럽이라는 아기의 탄생을 알리는 첫 울음소리'였다는 평가를 내린 바 있으며, 성급한 몇몇 서구학자들은 마라톤 전투가 동양에 대한 서양문명의 우위를 증명했다느니, 또는 서양이 이 전투를 계기로 세계사를 지배하게 되었다는 등의 논평을 하기도 했다. 물론 냉철하게 판단해본다면 이러한 평가들은 과장이 지나쳐 심각한 자기미화적 오류에 빠져 있음을 알 수 있다. 사실 서양이 동양을 압도하게 된 것은 15~16세기에 보편화된 화약무기의 선점과, 18세기 말 이후 산업혁명의 여파가 결정적 계기였다고 하는 것이 오늘날의 정설이다. 굳이 이들의 주장과 관련된 평가를 하자면, 마라톤 전투는 그 전까지 메디아(페르시아)라는 말만 들어도 혼비백산하던 그리스인들이 페르시아인들과 맞붙어 이긴 최초의 전투이며, 공포의 대상에 대해서도 이길 수 있다는 자신감을 심어준 계기였다고 할 수 있다. 그럼에도 불구하고 마라톤 전투가 역사적·군사적으로 중요성을 띠는 이유는, 그것이 서양식 전투방식의 정착을 가져온 효시가 되었기 때문이다.

고대의 지중해 세계에서 가장 활발한 활동을 보인 것은 페니키아와 그리스였다. 특히 그리스는 전 국토의 4분의 3이 산악지형으로 비옥한 농경지가 부족했으므로 일찍부터 해양으로 진출해 해외에 광범한 식민도시들을 건설했다. 에게 해의 여러 도서지역들은 물론이고, 이탈리아 반도 남부와 시칠리아, 이베리아 반도의 남부 해안, 그리고 소아시아(오늘날 터키의 서부 해안지대) 등지에 여러 식민도시들을 세우고 이주민들이 정착해 번영을 구가했다. 한편 동방에서는 BC 6세기에 키루스(Cyrus: BC 585?~529)라는 걸출한 제왕이 바빌로니아, 리디아, 메디아, 이집트 등을 망라하는 대제국 페르시아를 건국하여 그리스와 페르시아의 격돌이 불가피해졌으며, 이후 3차례의 페르시아 전쟁(BC 492~479)이 벌어졌다. 이 책의 주제인 마라톤 전투는 제2차 전쟁인 BC 490년의 사건이었다(이 책의 저자는 BC 492년 아토스 산 인근 해역에서 폭풍우 때문에 무산된 제1차 침공은 제외하고, 마라톤 전역을 제1차 침공으로 기술함).

이 책의 저자 니콜라스 세쿤다는 서양에서 최초의 체계적 역사서로 일컬어지는 헤로도토스의 『역사(Historiae)』(또는 『페르시아 전쟁사』로 번역되기도 함)를 바탕으로 하고, 후대의 여러 권위 있는 문헌들을 망라하여 마라톤 전투를 거의 완벽하게 재현했다. 더구나 그의 고고학적 전문성을 십분 활용하여, 각종의 도기·회화·조각·유물 등으로부터 문헌 자료들의 역사적 사실들을 뒷받침할 수 있는 근거를 제시하고 있다. 그는 역사학 또한 '근거에 바탕을 두고, 증거에 호소하는' 실증적 과학임을 유감없이 보여 준 것이다. 뿐만 아니라 그는 고대와 근·현대의 마라톤 지역의 지리적 자료들과 저자 스스로의 세밀한 현장 답사를 통하여 마라톤 전투의 실제 상황과 관련한 매우 새롭고 신선한 주장을 제시하고 있다. 즉, 종래의 전쟁사 서적들에서는 페르시아군이 마라톤 해안을 등 뒤로 하여 남쪽에 일종의 배수진을 쳤으며, 그리스군은 내륙 쪽(북쪽)에 포진하여 경사를 이용한 밀집 중장보병(방진)의 충격력을 십분 활용한 것으로 기술되어 있다.

그러나 세쿤다는 페르시아군이 동쪽에, 그리스군은 서쪽에 포진하여 양측 군대가 해안과 직각으로 진형을 구성하여 대치했던 것으로 묘사하고 있다. 그가 새롭게 제시한 여러 고고학적·지리적 정보에 따르면 그의 주장에는 납득할 만한 요소가 많다고 여겨진다. 앞으로 이 분야를 연구하거나 가르쳐야 될 사람들은 물론이고, 이 전투로부터 교훈과 영감을 얻고자 하는 많은 이들이 다시 한 번 눈여겨보고 심층 검토해야 되리라 믿는다. 실로 고대의 전투상황을 재현하여 묘사하는 작업은 타당성 있는 근거의 제시와 더불어 고도의 분석력과 창의적 상상력을 필요로 하는 과업인데, 세쿤다는 이 점에서 탁월한 성과를 거두었다.

이 책이 가지고 있는 또 다른 미덕을 두 가지만 더 꼽자면, 그 한 가지는 페르시아군의 구성과 장비, 특히 고고학적 근거(예컨대 옥스포드 브리고스 컵 등)에 입각하여 재구성한 페르시아군의 복장에 대한 세밀한 기술인

데, 이 점은 다른 서적들과 확연히 구분되는 장점이다. 두 번째 미덕은 마라톤 전투의 진정한 영웅이 지금까지 알려진 밀티아데스가 아니라, 총사령관격인 폴레마르크의 역할을 담당했고 이 전투에서 장렬하게 전사한 칼리마코스였음을 고고학적(금석학적) 증거를 통해 제시했다는 점이다. 물론 밀티아데스는 전쟁 초기의 강력한 항전 의지 고취와 더불어 이 전투의 수행에서 칼리마코스 못지않은 영웅이었음에 틀림없으나, 훗날 권력의 자리에 오른 그의 아들 키몬이 아버지의 업적을 부풀린 덕에 오늘날 마라톤 전투의 유일한 영웅으로 여겨져왔던 것이다.

군사사 측면에서 볼 때 마라톤 전투가 역사의 흐름을 결정적으로 바꾸어놓았다고 평가하기는 어렵다. 그 보다는 오히려 제3차 페르시아 전쟁(BC 480~479)에서 그리스의 완승과 그 후의 지중해 해상권의 향배를 판가름한 살라미스 해전이 더 결정적이었다고 할 수 있다. 그러나 마라톤 전투는 시민들로 구성된 그리스의 중장보병(호플리테: Hoplite)과 그들로 구성된 밀집대형(방진: Phalanx)이 그 후 2000년 이상 서양의 전쟁에서 사용된 가장 특징적이고 보편적인 전투방식의 효시가 되었다는 점에서 기념비적인 군사적 의미를 띠고 있다. 또한 우수한 전술이 수적 열세를 극복하고 승리를 쟁취할 수 있게 해준다는 교훈과 영감을 후대에 전승한, 믿을 만한 역사서에 최초로 기록된 전투라고 할 수 있다. 당시 한 명의 호플리테가 장비한 창과 방패, 투구와 갑주 등 장비의 총 무게는 약 35킬로그램 정도였는데, 그 후 로마군이나 오늘날 현대 육군 보병 한 명이 출정 시 장비하는 무기·장비의 총 무게 역시 평균 35킬로그램 정도라는 사실은 흥미롭기 그지없다. 이것 또한 마라톤 전투에 의해 비롯된 것이라고 해석한다면 감수자의 지나친 과장일까? 흥미와 기대를 품고 일독하기를 권한다.

허남성(국방대학교 군사전략학부 교수)

| 감사의 글 |

늘 그랬듯이, 가장 먼저 그리고 무엇보다, 이 책을 쓰며 가장 힘들었던 시기에 그가 보내주었던 정신적인 후원과 많은 실제적인 도움들과 관련해 리처드 브레진스키(Richard Brzezinski)에게 감사의 마음을 전하고 싶다. 만일 내가 전달하려는 것을 독자들이 조금이라도 이해할 수 있다면 그것은 전적으로 그의 덕분이다.

또 그림들과 연구 자료들을 구하는 데 도움을 준 아티카 고대 유물 전문가 바질 페트라코스(Bazil Petrakos)와, 집필을 하면서 마감일을 훨씬 넘겼음에도 불구하고 인내하고 기다려준 리 존슨(Lee Johnson)에게 고맙다는 말을 전하고 싶다. 마지막으로 조언과 충고를 아끼지 않은 마이클 비커스(Michael Vickers) 박사에게 감사를 표한다. 출처가 없는 그림과 사진들은 모두 작가의 수집품이다.

| 차례 |

감수의 글 ... 4

감사의 글 ... 8

전투 배경 ... 11

양측 지휘관 : 아테네 지휘관 vs 페르시아 지휘관 ... 19

양측 군대 : 아테네군 vs 페르시아군 ... 37

양측 전략 ... 55

전역 ... 61

마라톤 전투 ... 107

전쟁의 영향 ... 153

전장의 현재 모습 ... 163

연표 ... 173

주(註) ... 177

참고 문헌과 출처 ... 178

| 전투 배경 |

페르시아인들은 BC 490년과 BC 480년에서 479년까지, 두 차례 그리스 본토를 침략했다. 이를 각각 제1차 그리고 제2차 페르시아 전쟁이라고 부른다. 그러나 이러한 용어는 그다지 만족스럽지가 않다. 그리스와 유럽 중심적인 시각에는 부합하지 않기 때문이다. 따라서 나는 제1·2차 페르시아의 그리스 침략이라는 표현을 사용하도록 하겠다.

첫 번째 침략에서 가장 핵심적인 전투는 마라톤(Marathon) 전투였다. 10년 후의 두 번째 침략을 방지하는 데 아무런 도움이 되지 못했으므로 그 전략적인 영향은 한정적이라 할 수 있겠으나 심리적인 영향은 엄청났다. 이 전투는 처음으로 그리스 군대가 페르시아 군대에 성공적으로 대항했으며 호플리테(hoplite: 그리스식 중장보병—옮긴이)가 전술과 장비 면에서 우월하다는 사실을 증명했다는 점에서 의미가 있다.

## 아테네에서의 폭정과 민주주의

마라톤 전투가 있던 시기에 아테네에서는 페이시스트라티드(Peisistratid) 참주시대라는 거의 반세기에 걸친 참주(tyrant)들의 지배에서 벗어나 막 민주주의가 싹트기 시작하고 있었다. 영어에서 '전제정치(tyranny)'라는 단어는 그 단어의 기원인 그리스에서 사용된 의미와 지금 의미 사이에 차이가 있다. 좋은 지배자이냐 아니냐의 여부를 떠나 무력으로 통치권을 획득한 절대 지배자가 바로 참주이며 왕과 반대되는 개념이었다. 고대 그리스에서 왕은 순리적인 관습에 따라 국가를 통치하게 된 사람을 의미했다.

페이시스트라토스(Peisistratos)는 약 BC 561년경 참주로 군림했다. 한때 그는 정적들에게 축출당하지만, BC 546년 결국 아테네의 권좌에 복귀했다. 그는 마라톤에 상륙한 후 팔레네(Pallene)에서 자신을 축출했던 정적들을 물리치고 아테네를 재탈환하는 데 성공한 것이다. BC 527년에 페이시스트라토스가 병으로 죽자, 그의 두 아들 히피아스(Hippias)와 히파르코스(Hipparchos)가 참주의 지위를 계승했다.

문헌을 통해 얻는 정보들은 구체적인 물증들로 어느 정도 보충이 된다. 브리고스라는 이름의 도공이 한쪽 손잡이에 자신의 이름을 새겨넣어 일명 '옥스퍼드 브리고스 컵(Oxford Brygos Cup)'이라 불리는 유물은 풍부한 역사적 자료를 제공하는 그런 구체적 증거들 중 하나다. 화병이 만들어진 정확한 날짜는 밝혀지지 않았으나 도안이 마라톤 전투를 묘사하는 것으로 추정된다.

하지만 페르시아의 진격으로 해외 속국을 차례로 잃게 되자, 상황이 악화되기 시작했다. BC 514년 히파르코스는 '참주 살해자들(tyrant-slayers)'인 하르모디오스(Harmodios)와 아리스토게이톤(Aristogeiton)의 손에 암살당했다. 이에 불안을 느낀 히피아스는 동맹을 통해 자신의 위치를 공고히 다지려고 했다. 자신의 딸을 멀리 아이안티데스(Aiantides)에게 시집을 보내는데, 그는 람프사코스(Lampsakos: 소아시아 헬레스폰토스 연안에 있던 고대 그리스의 식민도시—옮긴이)의 참주, 히포클레스(Hippokles)의 아들로 아버지인 히포클레스는 페르시아의 다리우스(Darius) 왕에게 큰 영향력을 행사할 수 있는 인물이었다. 3년 후, 히피아스는 라케다이몬(Lakedaimon: 스파르타와 그 영역인 라코니아를 가리키는 스파르타의 정식 명칭—옮긴이)의 왕, 클레오메네스(Kleomenes)의 침공으로 폐위되었고, 시게이온(Sigeion)으로 도피했다. 그리고 거기서 람프사코스로, 그 뒤에는 다리우스의 궁중까지 피신하는 신세가 되었다. 그가 다시 아티카(Attica: 고이 화병의 그림은 하르모디오스와 아리스토게이톤이 히파르코스를 암살하는 장면을 초기 양식에 따라 묘사한 것으로, '코펜하겐 페인터(Copenhagen Painter)'가 그린 것이다. 이 그림은 BC 480/479년 페르시아에 약탈당한 아크로폴리스(Acropolis)의 조각상들을 재현한 작품일 가능성이 크다. 파괴된 조각상들은 이후 BC 477/476년에 크리티오스(Kritios)와 네시오테스(Nesiotes)의 보다 극적인 구성의 조각상들로 대체되었다. (Langlotz, *Griechische Vasen in Würzburg* pl. 82)

대 그리스 남동부의 지방—옮긴이)에 돌아오게 되는 것은 20년 뒤의 일로, 노쇠한 상태에서 페르시아 군대와 함께 귀환했다. 한편 아테네는 민주국가로 변했고 BC 508년과 507년에 걸쳐 클레이스테네스(Kleisthenes)가 새로운 헌법을 도입하기에 이른다.

| BC 499~494년, 이오니아의 반란 |

BC 547년 페르시아 제국의 영향력이 에게 해까지 도달하면서 그리스의 도시들은 새로운 지배자를 맞게 되었다. 키루스(Cyrus)와 캄비세스(Cambyses)의 통치 하에 있을 때 페르시아 제국의 확장은 대부분 다른 지

역에 집중되어 있었으나, BC 521년 왕위에 오른 다리우스는 서쪽을 향해 시선을 돌렸다. 그는 수사(Susa: 페르시아 제국 아케메네스 왕조의 수도—옮긴이)를 떠나 스키타이 왕국(Scythia) 정벌에 나섰다. 그는 주교(배로 만든 다리—옮긴이)를 가설해 보스포러스(Bosphorus) 해협을 건너고 이어서 다뉴브 강을 도하했다.

하지만 전세는 후퇴할 수밖에 없는 상황으로 악화되어 그 이듬해를 사르디스(Sardis: BC 7세기경 번성했던 고대 리디아왕국의 수도로, BC 546년경에 페르시아에게 정복당했다—옮긴이)에서 보낸 후 결국 수사로 귀환했다. 그리고 자신의 동생인 대 아르타페르네스(Artaphernes the elder)를 태수로 삼아 그곳에 남겨두었다. 그의 장군들, 메가바조스(Megabazos)와 오타네스(Otanes)는 스키타이 남쪽의 유럽지역을 점진적으로 제압하는 작전을 지속적으로 펼쳤다.

이란의 베히스툰(Behistun)에 있는 다리우스의 거대한 부조 작품 속 디테일. 마라톤 전투가 있기 30년 전, 다리우스가 처음 왕위에 등극했을 때 조각되었다. 활을 들고 있는 다리우스의 왕은 약 176센티미터의 실물 크기로 제작되었다. 그 뒤에 서 있는 사람은 창병대 지휘관인 고브리아스(Gobryas)로 페르시아 제국의 2인자였다.[왕립 온타리오 박물관(Royal Ontario Museum), 서아시아 전시실 소장품, 사진촬영: 클라우스 브리드(Claus Breede)]

BC 508년, 스파르타의 압력에 점차 위협을 느끼던 아테네는 사절단을 사르디스에 파견하여 대 아르타페르네스와 협상을 시작했다. 태수는 땅과 물을 요구했고 아테네 사절단은 이를 수락했다[헤로도토스(이하 Hdt), 5.73]. 여기에서 땅과 물을 제공한다는 것이 아케메네스 왕조의 외교에서 어떤 관계를 의미했는지 정확하게 알 수는 없다. 동맹이었을까? 아니면 주종관계, 그것도 아니면 선린우호? 그때만 해도 아테네 사절단은 페르시아가 자신들에게 부과할 의무의 심각성을 정확하게 이해하지 못했던 것 같다. 그 결과 그들의 협상내용은 훗날 아테네 의회에서 비준을 거부당했다. BC 505년, 망명 중이던 히피아스가 사르디스에 모습을 드러내자 대 아르타페르네스는 아테네에 그를 본국으로 귀환시킬 것을 명한다. 그러나 아테네가 이를 거절함으로써 아테네와 페르시아의 관계는 악화되기 시작했다.

상황이 이렇게 되자, 아테네는 이오니아의 반란에 개입하게 되었고 그것은 다시 페르시아의 제1차 그리스 침략을 초래했다. 이오니아 반란을 주동한 사람은 밀레투스(Miletus: 소아시아 서안의 이오니아에 위치한 그리스의 고대도시―옮긴이)의 아리스타고라스(Aristagoras)였다. 그는 그리스 본토의 도시국가들에게 반란에 대한 지원을 요청했다. 스파르타의 왕 클레오메네스는 지원을 거부했는데, 대부분 해상에서 치루어질 전역에 개입하고 싶지 않았기 때문이다. 그러나 막대한 전리품에 구미가 당긴 아테네는 이오니아에 3단 노 갤리선(trireme) 20척을 지원하기로 했다. 에레트리아(Eretria: 그리스 중부 에보이아 섬에 있던 고대도시―옮긴이) 또한 5척의 3단 노 갤리선을 지원했다.

이오니아와 밀레투스의 3단 노 갤리선을 지원받은 그리스 함대는 499년 에페수스(Ephesus: 소아시아 서해안에 있던 이오니아의 고대도시―옮긴이)에 상륙했다. 원정군은 페르시아 최서단에 자리 잡은 속주의 행정중심 도시, 사르디스로 진격해 이를 점령했으며 대 아르타페르네스는 요새로 후퇴했다. 어떤 그리스 병사가 한곳에 지른 불이 걷잡을 수 없이 번지면서 도시 전체를 불태웠고 수많은 시민이 목숨을 잃었다. 이로 인해 아테네인들은 전리품을 얻지도 못한 채 고국으로 귀환했다. 이 사건으로 인해 페르시아인들이 분명 분노를 느꼈을 텐데 헤로도토스(5.101)는 그 부분을 언급하지는 않았다. 이제 아테네와 에레트리아에 대한 페르시아의 복수전은 불을 보듯 뻔한 사실이 되었다.

이오니아의 반란은 BC 494년 라데(Lade)에서 페르시아 함대가 결정적인 승리를 거두고 이어 밀레투스를 불태움으로써 진압되었다. 페르시아 함대는 에게 해의 동쪽 해안을 따라 항해하며 키오스 섬과 레스보스 섬, 테네도스 섬을 차례로 정복했으며 이 원정은 BC 493년에 끝났다. 이듬해인 BC 492년에는 페르시아의 대군이 마르도니우스(Mardonius)의 지휘 아래 마케도니아(Macedonia)를 침공했다. 헤로도토스(6.43.4)는 그들의 궁극적인 목표가 아테네와 에레트리아였을 것으로 추정하고 있다. 원정은 육군과 해군의 합동작전으로 진행되었지만 페르시아 함대가 아토스 산 인근 해역에서 폭풍을 만나 함선의 절반을 잃었기 때문에 결국 연기해야만 했다.

BC 491년(또는 BC 492년일 가능성도 있음), 다리우스는 그리스 도시국가들에 사절단을 파견해 땅과 물을 요구했다. 도시국가들은 이에 대해 각각 다르게 반응했다. 대부분의 섬들과 본토의 도시들은 페르시아의 요구를 수용했다. 그러나 아테네인들은, 헤로도토스(7.133)의 기록에 따르면, 사절들을 깊은 바위 틈 속에 던져버렸다. 이는 '바라트론(barathron)'이라 불리는 형벌로 중범죄자들을 처형하는 데에 사용되는 방법이었다. 파우사니아스(Pausanias: BC 2세기경에 활약한 그리스의 여행가, 지리학자—옮긴이)(3.12.7)에 따르면, 그들의 처형을 주도한 자가 바로 소 밀티아데스(Miltiades the younger, 이하 밀티아데스)였다. 스파르타인들도 사절들을 '스스로 땅과 물을 모으게 하기 위해' 우물 속에 던졌다. 이 경우도 아테네의 경우처럼 모든 사람이 단결하여 페르시아에 대항하도록 도시민 전체를 살인의 공범으로 만들려는 의도로 실행되었을 가능성이 높다(Sealey, 18). 다리우스는 전함과 수송용 마차의 생산을 명령함과(Hdt., 6.48~49) 동시에 전쟁 준비에 돌입했다.

| 양측 지휘관:
아테네 지휘관 vs 페르시아 지휘관 |

## :: 아테네 지휘관

아테네군의 지휘 체계는 BC 5세기 중반까지 끊임없이 발전해왔다. 그러나 BC 490년의 정확한 지휘 체계는 아직까지 밝혀지지 않고 있다.

아리스토텔레스의 『아테네 헌법(Athenian Constitution)』에 따르면 전통적으로 서열이 높은 3명의 집정관, 즉 '아르콘(archon)' 중 1명이 군대의 지휘를 맡았으며 그를 가리켜 '폴레마르크(Polemarch)'라 불렀다(22.2). 아리스토텔레스의 말에 따르면(3.2), 이러한 관직이 생겨난 이유는 '왕들 중 어떤 이는 군인으로서 뛰어나지 못했기 때문이다.' 헤로도토스(6.109.2)에 따르면, 마라톤 전투 당시 폴레마르크는 선거가 아니라 제비뽑기로 정해졌다. 반면, 아리스토텔레스(22.5)는 아르콘을 제비로 뽑는 방법은 BC 487/486년에 이르러서야 비로소 도입되었다고 한다. 아마도 아리스토텔레스가 맞을 것이다. 그가 언급한 시기에 폴레마르크는 그 역할이 줄어들어 이후로는 군무에 필요한 종교적인 기능을 수행하는 업무만을 수행했기 때문이다.

마라톤 전투가 있었던 시기에만 해도 폴레마르크는 제사적인 기능 외에 다른 많은 임무를 맡고 있었다. 도시 밖으로 행군하는 군대를 이끌었으며 전투 시에는 진영의 최우익을 담당하는 영예를 누리기도 했다. 헤로도토스가 만들어낸 이미지와는 반대로, 실제로 폴레마르크는 '스트라테고스(strategos: '장군'이라는 뜻을 가진 그리스어—옮긴이)'들로 이루어진 군사 위원회를 통해 전반적인 지휘권을 행사했을 가능성이 높다. 어쩌면 헤로도토스는 마라톤 전투에서 밀티아데스의 역할을 더 강조하고 칼리마코스(Kallimachos)의 역할을 축소하려는 의도를 가지고 있었는지도 모른다.

아테네군은 BC 508/507년 각 부족별로 호플리테(중장보병)를 주축으로 하는 10개 부족연대 체제로 전환되었다. 또한 BC 501/500년에는 지휘 체계 역시 이러한 변화에 발맞추어 개혁되었다. 이때부터 각 부족마다 1명씩, 총 10명의 스트라테고이(strategoi: strategos의 복수형)가 선출되었다. BC 5세기 말, 스트라테고이는 부족연대 지휘 임무로부터 분리되었고 10명 중 1명은 특정한 원정부대의 총사령관으로 임명되었다. 그러나 마라톤에서 그들의 주된 역할은 아직 각각의 부족연대를 지휘하는 데 있었다. 그들은 공통적인 군사 지휘 문제를 결정하기 위해 군사위원회를 열었다.

아피드나(Aphidna)의 칼리마코스(Kallimachos)는 마라톤 전투에서 폴레마르크를 맡았던 인물이다. BC 480/479년 페르시아의 약탈로 훼손된 아테네 아크로폴리스의 한 기념비는 그가 폴레마르크였던 시기에 봉헌된 것으로 보인다. 그것은 날개를 달고 있는 여성 인물을 지탱하는 커다란 기둥으로 구성되어 있는데, 그 인물은 이리스(Iris: 신의 뜻을 전달하는 여자 전령)가 아니면 니케(Nike: 승리의 여신)일 가능성이 높다. 비문은 비록 일부분만 보존되어 있지만 아피드나에서 온 어떤 폴레마르크가 전쟁에서 용감하게 싸웠다는 사실을 확인하기에는 충분하다.

엘레우시스(Eleusis: 그리스 엘레우시스 만 연안에 있는 도시—옮긴이)(1223)에서 발견된 항아리의 조각. 에우티미데스(Euthymides)가 그린 이리스가 보이는데, 그녀는 무지개의 여신으로 하늘을 수놓는 찰나적이나 찬란한 시각현상이며, 나타나는 순간 바로 사라져버리는 존재다. 따라서 발 빠른 신의 전령으로 간주되었다. 날개와 '케리케이온(kerykeion)'이라고 하는 전령의 지팡이가 그림 속의 인물이 이리스임을 확인시켜 준다. 비록 마라톤 전투보다 20년 전에 그려졌지만 고대 아테네의 후기에 해당하는 시기의 그녀에 대한 인기를 짐작케 한다. 또한 이를 통해 칼리마코스 기념비에서 훼손된 부분인 가장 윗부분의 모습을 추측할 수 있다.(Hesperia 5, p.66, fig.5)

이 기념비를 통해 우리는 BC 490년 당시 칼리마코스의 역할을 짐작할 수 있다. 복원된 바에 따르면(그림 참조) 칼리마코스는 마라톤 전투 이전에 있었던 BC 490년 범아테네 경기(Panathenaic Games)에서 우승했다. 이 제전은 '헤카톰바이온(Hekatombaion)' 달(현재의 6월에서 7월 사이로 그리스 음력에 따르면 한 해의 시작에 해당한다—옮긴이)의 28일에 거행되었다. 이

  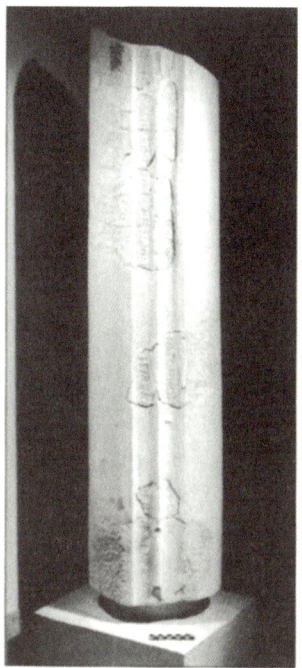

아피드[나]의 [칼리마코스]는 [나를] 아테나의 신전에 봉헌했다.
나는 올[림포스]에 [왕좌를 가지고 있는] [신]들의 사[자]이며,
[그가 폴레]마르크로 있을 때 범아테네 경기에서 [승리했기 때문이다.]
또한 그 모든 사람들 중 가[장 용감하게] 싸워서, 그는 아테네 병사들에게 주어지는 [가장 정당한 큰 명성]과
[그 자신의 용맹에 대한 기념]비를 얻었다.

칼리마코스 기념비의 기둥[*IG i²* 609; 금석학 박물관(Epigraphic Museum) 6339, 아테네]은 BC 480/479년 페르시아군의 약탈에 의해 파괴되었다가 그 잔해들을 모아 복원되었다. 그 결과 그림[그림 헬렌 베시(Helen Besi)]에서 보듯이 비문은 읽기 어려울 정도로 훼손된 상태다. 이 책에서 제시하는 비문의 내용은 해리슨(Harrison)이 복원한 비문을 번역한 것이다. 기념비의 상단을 이루는 여성 인물의 조각상은 두 개의 잔해(금석학 박물관 690, 아테네)가 남아 있고 인물의 정체를 확인하기란 거의 불가능하다. 대부분 이리스일 것이라고 추정하나, 해리슨은 니케일 가능성이 더 높다고 본다. '신들의 전령'이라는 구절은 이 인물이 이리스임을 암시한다. 기념비의 복구도는 P. 르메를르(Lemerle)가 『고대 그리스와 교류를 위한 회보(*Bulletin de Correspondance Hellenique*)』 58(1938), 443에 실은 문헌에서 발췌했다.

는 페르시아군의 그리스 상륙 소식이 아테네에 알려지기 8일 정도 이전에 해당한다. 어쩌면 칼리마코스가 범아테네 경기에서 승리했기 때문에 그를 폴레마르크로 삼은 그리스군에게 승운이 따를 것이라고 믿었을지도 모른다. 어느 정도 해독이 가능할 정도로 복원된 비문들이 여럿 존재한다. 그 중 하나는 전쟁에서 승리할 경우 칼리마코스가 기념비를 세우겠다고 맹세하는 내용이 나오는데, 분명 개인적으로 이리스에게 먼저 다짐해두었던 것이 틀림없다.

한 가지 사실은 확실하다. 현재 남아 있는 기둥은 칼리마코스의 업적을 기리기 위해 아테네인들이 세운 웅장한 기념비의 일부이다. 그것은 도시를 내려다보는 아크로폴리스에 자리 잡고 있으며 마라톤 전투가 끝나고 시간이 얼마 지나지 않은 시점에 세워졌다. 같은 시기에 밀티아데스는 아테네인들을 기만한 죄로 50탈란트(talent)의 벌금을 선고받은 채 감옥에서 죽어가고 있었다. 칼리마코스와 밀티아데스가 각각 수행한 역할에 대해 현재 우리가 파악하고 있는 내용들은 심각하게 왜곡된 사실일 수 있는데, 그것은 밀티아데스의 아들 키몬(Kimon)이 BC 460년대에 자신의 아버지에 대한 기억을 미화시키기 위해 전개했던 대대적인 선전 운동의 결과로 초래된 현상일 수 있다. 이 기념비야말로 BC 490년도에는 아테네인들이 '모든 사람들 중' 가장 용감하게 싸운 사람이 칼리마코스이며, 마라톤 전투의 영웅은 밀티아데스가 아니라 바로 그라고 생각했다는 사실을 반석 위에 새겨놓은 증거물이다.

밀티아데스는 BC 550년대 말에 귀족인 필라이드(Philaid) 가문, 키몬(Kimon)의 아들로 출생했으며 그의 가문은 페이시스트라티드 참주시대 초기의 반대파에 속했다. 결국 키몬은 자신의 형을 따라 아이들과 함께 트라키아 지방의 케르소네소스(Chersonese: 현재 갈리폴리 반도—옮긴이)로 갔으며, 형은 참주가 되어 일단의 그리스 이민자들과 함께 그곳을 지배했다. 아들 없이 형이 사망한 후 키몬의 첫 번째 아들이 양자로서 참주가 되

컵의 내부 도안은 BC 490년경 두리스[Douris: BC 500~BC 470년경에 활약한 아티카의 적상식(赤像式) 도화가(陶畵家)—옮긴이]의 작품으로 누워 있는 성인과 서 있는 청년의 모습을 표현하고 있다. 채색된 글귀에는 '칼리마코스는 공정하다'라고 적혀 있다. 비록 나이를 정확하게 측정할 수는 없지만, 성인은 아마도 아피드나의 칼리마코스일 가능성이 있다. 하지만 이 컵의 수령인은 그와 같은 이름을 가졌지만 더 후세에 태어난 남자로, 그의 친척 중 한 사람일 가능성이 더 높다. 이 컵에 적힌 것과 같은 종류의 글들은 동성애적 배경을 내포하고 있다고 보는 것이 일반적인 조류다.[루브르(Louvre) C 10907, 파리]

었을 무렵 페이시스트라토스는 필라이드 가를 포함한 그의 반대파 귀족 가문들과 화해에 성공했다. 이에 따라 키몬은 아테네로 돌아왔으나 페이시스트라토스의 사후 권력 다툼에 휘말려 목숨을 잃었다.

그러나 키몬의 둘째 아들 밀티아데스는 계속해서 인기를 누렸다. 그는 BC 524/523년 아르콘으로 임명되었고 이 무렵 첫 번째 결혼을 하게 되는데 아마 상대는 히피아스의 친척이었던 것으로 짐작된다. BC 516년 즈음 히피아스는 그를 트라키아 지방의 케르소네소스로 보내 통치권을 계승하게 했다. 큰아버지인 대 밀티아데스(Miltiades the elder)의 양자가 되어 트라키아 지방 케르소네소스의 참주를 계승했던 그의 형 스테사고라스(Stesagoras)가 사망한 뒤에 생긴 일이다.

그 뒤로 히피아스와의 관계는 점점 악화되었다. 히피아스가 그의 딸을 람프사코스의 아이안티데스와 결혼시키자 밀티아데스는 자신의 첫 번째 부인과 이혼을 한 것으로 보인다. 헬레스폰트(Hellespont: 다다넬스 해협의 고대 그리스식 이름—옮긴이)의 건너편에 위치한 람프사코스는 트라키아 지방의 케르소네소스의 가장 큰 적대 국가였던 것이다. 밀티아데스는 트라키아의 왕 올로로스(Oloros)의 딸, 헤게시필레(Hegesipyle)를 두 번째 아내로 맞이했다. 그의 아들이자 후계자 키몬은 510년경에 태어났다. 밀티아데스는 페르시아와 친선관계를 추구해야만 했기 때문에 스키타이 원정에 나서는 다리우스를 신하의 입장에서 동행했다. 밀티아데스는 다른 이오니아 지휘관들과 함께 뒤에 남아 다뉴브 강에 부설된 주교를 지키게 되었다. 그는 훗날 자신이 주교를 파괴해 다리우스를 스키타이에 고립시키자고 이오니아의 그리스인들을 설득했다고 주장했으나, 이는 아테네에서 자신의 이미지를 개선하기 위해 꾸며낸 이야기일 가능성이 높다.

밀티아데스의 입장은 점점 더 위태로워졌다. 그는 아테네의 새로운 민주정부와 화해를 도모하기 위해 노력했고, 이를 위해 아테네가 렘노스(Lemnos) 섬을 정복하는 작전에 협력했다(아마도 BC 499년의 일일 것이다). BC 493년, 이오니아 반란이 실패로 돌아가고 페르시아 함대가 테네도스(Tenedos)에 도착하자 밀티아데스는 결국 아테네로 달아났다. 그는 참주재판에서 살아남는 데 성공했고, 이로써 아테네 정계에 다시 발을 들여놓게 되었다. 첫 번째 부인 사이에서 낳은 아들, 메티오코스(Metiochos)는 페니키아(Phoenicia: 지금의 시리아 연안의 고대 국가—옮긴이) 함대에게 생포되어 두 번 다시 아테네로 돌아오지 못했다. 그러나 그는 다리우스로부터 페르시아인 아내와 땅을 수여받았다. 페르시아 왕은 추방된 그리스 귀족들을 환대

로마인에 의해 복제된 밀티아데스의 흉상. 오른쪽 눈 부분이 파인 것 외에는 온전하게 보존되었다. 조각의 양식으로 보아 BC 5세기 중반까지 거슬러 올라가는 원본을 바탕으로 만들었을 것으로 추정된다. 이것은 다시 말해 이 흉상이 지금까지 알려진 가장 오래된 그리스 인물 조각상 중 하나에 속한다는 의미이기도 하다. 사진의 작품은 상당히 다채로운 경력을 지니고 있다. 1553년 로마에서 처음 발견되었고 이폴리토 데스테(Ippolito d'Este) 추기경의 소장품 중 하나였다가 분실했다. 이를 되찾은 시기는 1940년으로, 레노(Reno) 강어귀에서 그 지역 어부가 분실한 몇 점의 다른 흉상들과 함께 발견했는데, 좌초당한 선박에 실려 있었던 것이 틀림없다. 흉상 밑에 적혀 있는 그리스어 비문을 통해 이 인물이 '밀티아데스' 임을 확인할 수 있다. 라틴어와 그리스어를 사용해 기록한 두 번째 비문에는 다음과 같은 내용이 추가되어 있다. "마라톤의 평원에서 페르시아인들을 무찌른 그는 배은망덕한 국민들과 조국에 의해 역사에서 사라져버렸다. 오! 밀티아데스여, 모든 이들이 당신의 무용과 페르시아군, 당신의 영웅적 행동의 성지, 마라톤을 알고 있노라."[이탈리아 국립 박물관(Muzeo Nazionale) 31378, 라벤나]

올림피아(B 2600)에서 나온 코린트식 투구(Corinthian helmet: 머리 전체를 가리고 눈 부분만 뚫어 놓은 투구—옮긴이)에 새겨진 글귀에는 밀티아데스가 이 투구를 제우스에게 바친다는 내용이 적혀 있다. 쿤체(Kunze, *Olympiabericht* V, 1956)에 따르면 투구의 모양과 글자의 형태로 보아 투구는 BC 520년 경에 제작된 것으로 보인다고 했으며, 이런 사실로 미루어볼 때, 이 투구는 마라톤 전투보다 앞선 시기에 밀티아데스가 어떠한 사건을 겪고 나서 헌납한 것으로 보인다.[독일 고고학 연구소 아테네 분원(Athens, Deutsches Archäologisches Institut)]

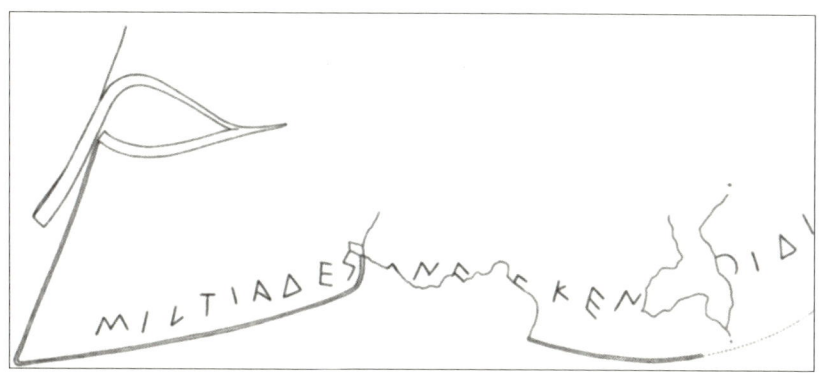

했는데 이는 그들이 훗날 페르시아를 위한 일꾼이 될 수 있으리라고 생각했기 때문이다.

마라톤 전투가 한창이던 때에 밀티아데스는 아마 60대 초반의 나이였을 것으로 추정된다. 그가 새로운 민주국가 아테네에 살았던 것은 불과 1, 2년에 지나지 않았다. 따라서 많은 고대 작가들이 암시하는 바에 따라, 그를 자유 또는 민주주의의 열정적인 수호자로 간주하는 시각은 잘못된 것일지도 모른다. 밀티아데스에게는 아테네로 돌아와 고향을 위해 싸우는 것 외에 다른 선택의 여지가 없었던 것이다.

오늘날 우리에게 남겨진 자료들 속에서 밀티아데스가 승리에 기여한 정도가 과장되어 있고 칼리마코스의 역할은 상대적으로 축소되어 있다는 시각이 있으며 거기에는 상당한 근거가 있다.

그럼에도 불구하고 페르시아의 스키타이 원정에 동행했던 밀티아데스의 경험은 아테네인들에게 페르시아 군대의 전투 방식에 대한 귀중한 정보를 제공했을 것으로 보인다. 아테네가 승리할 수 있었던 데에는 밀티아데스의 용기와 결단력이 큰 공헌을 했던 것이 사실이다. 그러나 그것은 스스로의 목숨을 부지하기 위한 선택에 지나지 않았다.

**아림네스토스(Arimnestos)**는 마라톤 전투에서 플라타이아(Plataea) 함대를 지휘했다. 마라톤 전투가 끝난 후, 플라타이아인들은 그들 몫으로 주어진 전리품으로 '전쟁의 여신' 아테나 아레이아(Athena Areia: 아테네의 별칭으로 전쟁신의 이름. 아레이나는 아레스의 여성형—옮긴이) 신전을 플라타이아에 세웠다. 조각상의 발밑에는 아림네스토스의 초상화가 그려져 있다. 파우사니아스(9.4.2)에 따르면, 아림네스토스는 마라톤 전투뿐만 아니라 11년 뒤에 플라타이아 전투에서도 플라타이아군을 이끌었다. 한 사람이 두 번의 결정적인 전역을 모두 지휘했다는 사실은 작은 도시국가에서 아림네스토스의 정치적인 위상이 얼마나 높았는지를 보여준다. 이 작은 도시가 아테네 동맹군에 참가하는 용기 있는 결정을 내린 데에는 그의 영향력이 크게 작용했을 것이다. 많은 역사학자들(Lazenby, 10~11)은 또한 그를 플라타이아 전투에서 라케다이몬 사람 칼리크라테스(Kallikrates)의 죽음에 대한 정보(9.72)를 헤로도토스에게 직접 제공한 장본인으로 보고 있다.

## :: 페르시아 지휘관

태수(太守)는 각각의 정해진 관구(satrapy), 즉 주를 담당하는 왕의 대리인이었다. 아나톨리아(Anatolia: 아시아 대륙의 서쪽 끝, 흑해·마르마라 해·에게 해·지중해 등에 둘러싸인 반도. 오늘날의 터키 땅—옮긴이) 서부 지역에서 가장 핵심적인 역할을 담당하는 태수는 사르디스에 기반을 둔 대 아르타페르네스였다. 페르시아의 관행은 같은 지역에서 군사 기능과 행정 기능을 분리하는 것이었으나, 특정 개인이 한 지역의 태수를 맡으면서 동시에 다른 지역 군대의 지휘관을 맡는 경우도 있었다. 대 아르타페르네스는 태수로서 관할 주의 안보를 책임지고 있었지만, 지휘관으로 원정에 참여하지는 않았다. 다리우스 왕 또한 마찬가지로 원정에 있어서는 직접 지휘권을 행사하지 않았다. 마라톤 전투가 있을 무렵의 그는 이미 재위 기간이 30년도 넘는 상태였다. 우리가 그의 나이를 정확하게 알 수는 없으나, 그는 그리스 원정 이후 얼마 되지 않아 BC 486년에 사망했다.

다티스(Datis)는 BC 490년 침공군 최고 사령관으로 임명되었는데, 이는 마르도니우스가 BC 493년 북부 에게 해 원정에서 실패한 뒤에 벌어진 일이었다(Hdt., 6.94). 다티스에 대해서는 알려진 사실이 매우 적다. 헤로도토스(6.94)와 디오도루스(Diodorus: 그리스의 역사가—옮긴이) 모두 그가 '메디아(Media)' 출신이라고 기록하고 있다. 그러나 이는 저명한 페르시아인을 그들이 지배했던 지방의 이름으로 부르는 아케메네스 왕조의 관습을 그리스인들이 잘못 이해한 결과일 가능성도 있다. 플루타르코스(Plutarchos)는 그의 저서 『모랄리아(Moralia)』에서 다티스가 태수였다고 적고 있다. 또한 『수이다스(Suidas)』(고대 그리스에 관한 백과전서적 사전—옮긴이)의 히피아스 편에도 같은 내용이 언급되어 있다. 따라서 다티스는 메디아를 관할하는 태수인 동시에 일선 지휘관 직책을 수행한 페르시아인이었던 것으로 짐작된다.

〈왼쪽〉 아티카 접시[옥스퍼드 소재 애쉬몰린 박물관(Ashmolean Museum) 310]. BC 515경 파세아스(Paseas)의 작품으로 한 젊은이의 모습이 보이는데, 그는 당시 성인들과 달리 아직 수염을 기르지 않은 상태이며, 스키타이 궁수의 복장과 장비를 착용하고 있다. 첨부된 문구에는 '밀티아데스는 아름답다'라고 적혀 있다. 웨이드-게리(Wade-Gery, Jounal of Hellenic Studies, 1951)는 이것이 말을 탄 젊은 밀티아데스를 묘사하고 있으며 마라톤 전투 이전에 아크로폴리스에 봉헌된 조각상임은 분명하지만 글귀의 인물은 장군인 밀티아데스가 아닌 그보다 어린 친척일 가능성이 높다고 주장했다.

〈오른쪽〉 초기에 아크로폴리스를 장식했던 조각상들(606)의 잔류물 중 하나로 BC 480년에 페르시아인들에 의해 파괴되었다. 말을 타고 있는 젊은 아테네 귀족의 모습을 형상화했다.

페르세폴리스(Persepolis: 아케메네스 왕조의 수도—옮긴이)에서 발견된 엘람어(Elamite: 티그리스 강 동쪽, 페르시아만 북안의 지역에 살고 있던 민족의 언어—옮긴이) 서판에서 다음과 같이 언급한 인물이 다티스일 가능성도 있다(Lewis).

"7마리스(marris)의 맥주가 다티야(Datiya)에게 식량으로 배급되었다. 그는 봉인된 왕의 문서를 지니고 있었다. 그는 사르디아에서 출발해 급행으로 페르세폴리스의 왕에게 갔다. 27년, 11번째 달. 히달리(Hidali)(로부터)."

여기서 말하는 '다티야'는 그리스 문헌에서 다티스로 등장하는 인물일

코린트식 투구의 왼쪽 뺨 부분이 부식되고 남은 조각. 람누스(Rhamnous)의 네메시스(Nemesis) 신전에서 발견되었다. 투구 전반에 걸쳐 새겨진 문구는 밀티아데스가 BC 499년경 렘노스 원정에서 획득한 전리품으로서 '람누스인들이 렘노스에서 (탈취한 이것을) 네메시스에게 헌납하다' 라는 말하고 있다[그림: K. 엘리아키(Eliaki)]. 람누스 시대표단이 이를 헌납했다.(아테네 고고학 협회)

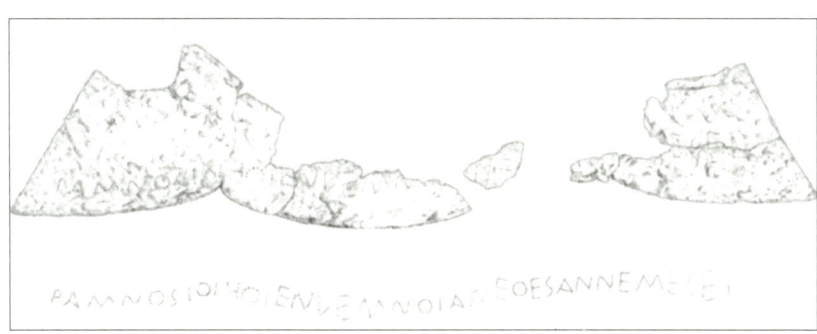

가능성이 있다. 페르세폴리스의 식량 배급과 관련된 문서에서 개인이 105리터에 해당하는 와인 혹은 맥주를 배급받았다는 사례는 거의 존재하지 않는다. 즉, 이는 다티야가 제국에서 매우 중요한 위치의 관리였음을 의미한다. 서판은 BC 494년 1월 17일과 2월 15일 사이에 히달리에서 발행되었으며, 그곳은 페르세폴리스로부터 불과 세 정거장 떨어진 지역이었다. 또한 서판이 발행된 날짜를 보면, 그 시기가 이오니아 반란을 진압하기 위한 마지막 원정이 있기 한 해 전의 겨울에 해당한다. 그는 왕의 승인에 따

아크로폴리스에 헌납된 투구 조각. 각인된 점들은 몇 개의 글자들을 보존하고 있다(IG i, 453). 그에 따르면, 이 투구 또한 렘노스에서 노획한 전리품으로 대부분의 다른 전리품과 마찬가지로 나무로 된 신전의 들보 위에 못을 박아 매달았다. 좌측 아래에서 못자국을 확인할 수 있다.(아테네 소재 그리스 국립 박물관 7322)

라 여행을 하고 있었다. 여행에 대한 승인은 보통 출발지에서부터 이루어지므로 '다티야'는 다리우스의 명령에 의해 사르디스에서 되돌아오고 있는 중이었을 것이다. 따라서 그의 여행은 부대검열이거나 반란진압을 위한 최종 작전의 사전조율의 성격을 가졌을 가능성이 있다. 따라서 다티야(혹은 다티스?)가 마라톤 전투 이전 시점에서 페르시아 서부지역에 대한 군대 지휘권을 가지고 있는 인물이었을 것이다.

　이러한 단편적 정보들을 종합해보았을 때, 다티스는 서부 지역에 있는 모든 페르시아군의 총사령관으로, 다리우스가 임명한 다른 모든 태수들과 장군들보다 상급자였으며 아마도 이오니아 반란이 진압되는 시점에서부터 마라톤 전역 전반에 걸쳐 그 지위를 계속 유지했을 가능성이 있다. 아마도 그의 지위가 '부대들의 지도자(Leader of the Hosts)'—카라-나야(Kara-naya)—였을지도 모른다.

비교적 온전하게 보존된 코린트식 투구. 올림피아 발굴 당시 발견되어 에밀 쿤체(Emil Kunze)에 의해 공개되었다 (*Festschrift C. Weikert*, Berlin 1955, 9~11). 투구에 기록된 문구에는 "아테네인이 렘노스에서 획득해 헌납했다"라고 적혀 있다.(그리스 국립 박물관 15189, 아테네)

소 아르타페르네스(Artaphernes the Younger, 이하 아르타페르네스)는 마라톤 전투와 관련해서 유일하게 언급되는 또 다른 페르시아 지휘관이다. 헤로도토스(6.94~95)는 단지 이렇게만 기록했다. 다티스와 아르타페르네스가 원정을 지휘했으며 그들은 왕의 궁전을 떠나 킬리키아(Cilicia : 소아시아 남동부의, 토로스 산맥과 지중해 사이의 고대 국가—옮긴이)로 가서 각자에게 주어진 함대를 이끌었다. 이것만을 놓고 보면 두 사람이 대등한 위치에서 지휘권을 행사했다는 인상을 받을 수 있으나, 다티스가 최고 지

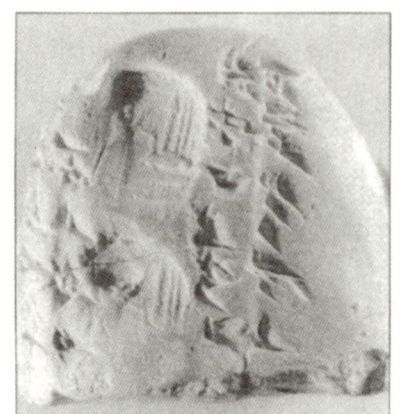
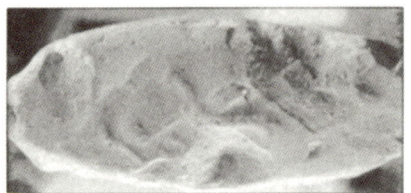

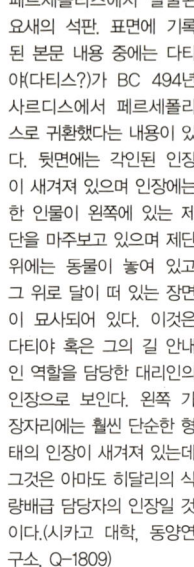

페르세폴리스에서 발굴된 요새의 석판. 표면에 기록된 본문 내용 중에는 다티야(다티스?)가 BC 494년 사르디스에서 페르세폴리스로 귀환했다는 내용이 있다. 뒷면에는 각인된 인장이 새겨져 있으며 인장에는 한 인물이 왼쪽에 있는 제단을 마주보고 있으며 제단 위에는 동물이 놓여 있고 그 위로 달이 떠 있는 장면이 묘사되어 있다. 이것은 다티야 혹은 그의 길 안내인 역할을 담당한 대리인의 인장으로 보인다. 왼쪽 가장자리에는 훨씬 단순한 형태의 인장이 새겨져 있는데 그것은 아마도 히달리의 식량배급 담당자의 인장일 것이다.(시카고 대학, 동양연구소, Q-1809)

휘권을 가지고 있었다는 점은 분명한 사실이다. 그로부터 많은 시간이 지난 훗날의 기록에서 파우사니아스(1.32.7)는 마라톤의 바위산 속에 놓여 있던 '아르타페르네스의 말 여물통'을 언급한다. 이는 아르타페르네스가 기병대를 이끌었음을 암시하는 표현이다.

아르타페르네스는 앞서 언급한 다리우스의 형제이자 사르디스의 태수, 대 아르타페르네스의 아들이었다. 헤로도토스가 그의 이름을 아르타프레네스(Ataphrenes)로 왜곡했지만, 크테시아스(Ktesias)는 대 아르타페르네스를 아타페르네스(Ataphernes)라고 표기했다. 이쪽이 고대 페르시아의 이름, '아트르파르나(Atrfarnah)' — '화신(火神)의 위엄을 가진' — 에 더 가깝다.

아르타페르네스에 대해서는 알려진 바가 거의 없다. 그의 이름은 마라톤 전투에서 처음 등장하기 때문이다. 이미 이전부터 자신의 아버지를 따라 페르시아 제국의 서부전선에서 군대 경험을 쌓았을 수도 있고, 아니면 궁정에 남아 있었을 수도 있다. 마라톤 전투가 끝나고 그는 다티스와 함께 에레트리아인 포로들을 데리고 수사에 돌아갔다(6.119). 훗날 그는 BC 480년에 있었던 페르시아의 두 번째 그리스 침략에도 참여해 육군 부대 중 하나를 지휘했다(7.74).

| 양측 군대 : 아테네군 vs 페르시아군 |

## :: 아테네군

마라톤 전투 당시 아테네군은 오직 호플리테(중장보병)로 구성된 보병부대뿐이었다.[1] 이들은 BC 508/507년에 걸쳐 클레이스테네스에 의해 대대적인 편제개편 과정을 거쳤다. 그 전까지는 아테네의 정치적 파벌들은 세 가지로 구분되는 아티카 내의 지역으로부터 각각 지원을 받았는데, 그 지역은 '도시'와 '해안' '내륙'이라고 알려져 있다. 페이시스트라티드 참주들은 주로 아티카의 산악 지대인 '내륙'의 지원을 받았다. 클레이스테네스의 목표는 각 지역별로 구성되었던 부대들을 서로 혼성 편성하여 새로운 군사적·정치적 집단으로 재편성하는 데 있었는데, 그 집단에 '부족(phyle)'이라는 명칭을 부여했다. 그는 100인의 용사들 명단을 델포이 신전으로 보냈다. 그러면 신전의 여사제들이 그 중 10명을 선택했다. 이들 용사들이 각 부족을 담당하게 되고 그들의 이름이 부족의 명칭이 되었다.

새로운 부족은 세 개의 트리티예스(trittyes)로 구분되는데 트리티예스는 그리스어로 '3분의 1'이라는 뜻이다. 각 부족에 배정되는 트리티예스들은 해안 트리티예스에서 하나, 도시 트리티예스에서 하나, 내륙 트리티예스에서 하나가 각각 제비뽑기에 의해 결정되었다. 따라서 트리티예스는 총 30개가 되고 이들은 10개의 도시 트리티예스와 10개의 해안 트리티예스, 10개의 내륙 트리티예스들로 구성된다. 각 트리티스(trittys: trittyes의 단수형—옮긴이)의 규모는 대체로 비슷했으며 1개 중대, 즉 로코스(lochos)로 편성되었다. 로코스는 300명의 호플리테로 구성되었으며, 이들의 지휘관은 로카고스(lochagos)라고 불렀다.

아티카는 행정구역으로서 100개 이상의 '파리시(parish)'로 나누어져 있었는데, 각각은 '데모스(demos)'로 불렸고 데마르코스(demarchos)의 통치를 받았다. 이런 행정구역은 자기 지역에 속하는 주민들을 명단에 등재

---

[1] N. Sekunda, *Greek Hoplite*, Warrior 27(Osprey 2000).

시켜 선거나 군사 동원의 기초 자료로 삼았다. 아테네 시민은 50세까지 아티카 국경 밖으로 출정하는 군대에 복무해야 할 의무가 있었고, 국가가 위기 상황에 처하면 무기를 들 수 있는 모든 남성들이 군대에 동원되었다. 동원 시 서로 이웃하고 있는 데모스들은 통합되어 트리티스를 구성하게 된다. 한 트리티스에 속하는 데모스의 수에는 트리티스마다 차이가 있었다. 예를 들어, 아테네 시의 외곽에 자리 잡고 있는 커다란 도시지역, 아카르나이(Acharnai) 트리티스의 경우 단 하나의 데모스만으로 구성되며 데모스 이름 자체가 아카르나이였다.

클레이스테네스는 아티카에 살고 있는 외국계 자유민들과 해방된 노예들에게 시민권을 허용함으로써 병력 동원이 가능한 아테네의 인적 자원을 확대시켰다. 이렇게 확보된 추가 인원들을 숫자가 부족한 데모스에 등록시켜 각 트리티스가 정원 300명, 나아가 전체의 병력이 9,000명이 되도록 인적 자원에 균형을 맞췄다.

마라톤 전투 당시에 아테네 전사들이 사용했던 전형적 형태의 갑옷이 이 사진의 배경에 잘 나타나고 있다. 이것은 옥스퍼드 브리고스 컵(Oxford Brygos cup)에 새겨진 세부 그림이다. 판금형 장갑은 전부 판금과 비늘의 복합 구성으로 대체되었다. 이런 사항은 견갑(肩胛)의 부품들을 통해 잘 들어나고 있다. 또한 견갑의 비늘은 위쪽을 향해 배열되어 더 일반적인 형태였던 아래쪽을 향한 배열과도 차이를 보이고 있다. 사각형인 목보호부는 견갑에서 확장되어 나온 형태라는 점이 이채롭다. 투구의 두개골 부분은 매우 흥미롭고 희귀한 구조로 되어 있다. 이 부분 또한 가죽으로 싼 비늘과 판금의 복합 구조로 이루어져 있는 것 같다. 사진의 밝게 보이는 부분이 아마도 그 두 요소를 결합시키는 리벳의 머리로 보인다. 여기에 정강이받이와 호플리테 방패, 그리고 장창을 더하면 병사 1인의 장비가 완벽하게 갖추어지게 된다. 이 그림에 대한 타당한 해석은 그림 속의 병사가 조국을 지키기 위해 자기 돈으로 장비를 구입한 마라톤 전투 참전용사라는 것이다.

클레이스테네스의 개혁과 마라톤 전투 사이의 17년이 넘는 기간 동안 이렇게 형성된 행정 구역의 인적 균형에 변동이 생겼다. 각 행정구역에서

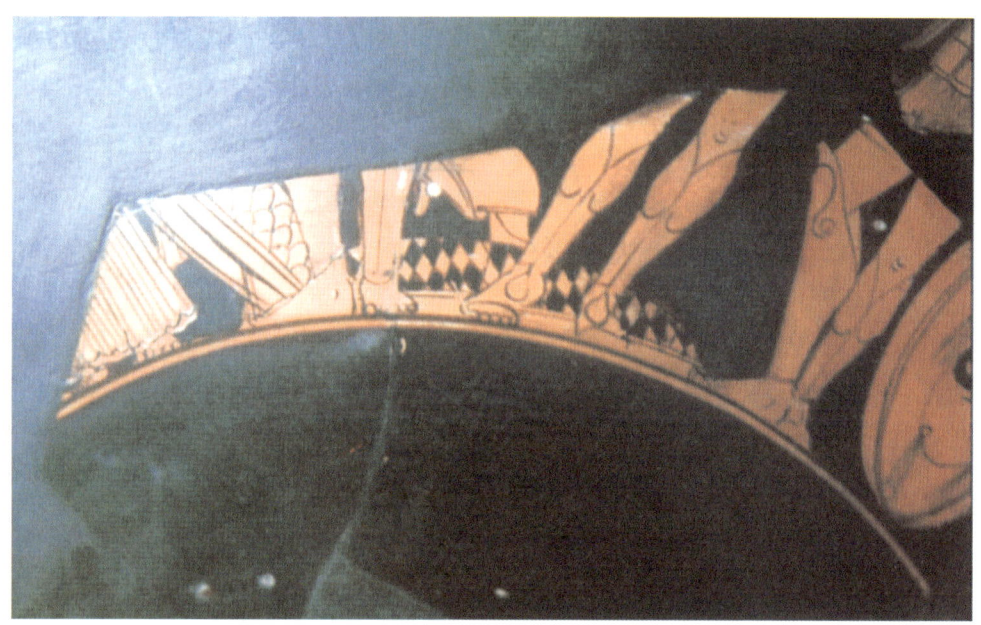

마라톤 전투 당시 아테네 호플리테의 무장에 대한 세부 묘사. 오른쪽에는 얇고 경쾌한 형태의 청동 정강이받이를 뒤에서 본 모습이다. 두 개의 호플리테 방패는 모두 청동 테두리를 두르고 있으며 이는 당시 호플리테 방패의 전형적인 양식이다. 그러나 볼록한 원형을 이루는 방패의 면은 특이한 형태를 보여주고 있다. 바닥에 누워 있는 방패는 다이아몬드 형태의 무늬로 장식되어 있는데, 청동 표면에 직접 그렸거나 표면을 가죽으로 덮고 그 위에 그린 것으로 보인다. 하지만 또 다른 방패에서는 표면에 도안을 넣을 때 사용한 방법을 확인하기가 어려운데 비늘 무늬 외에 다른 것은 보이지 않기 때문이다. 이 방패의 경우, BC 600년에서 590년 사이의 기간에는 호플리테의 방패 또한 때때로 복합적인 구조를 갖도록 제작되었다는 의미로 보인다.

병역에서 제외되어야 할 정도로 고령이 된 시민의 수와 새롭게 동원 대상에 편입될 젊은 시민의 수는 서로 일치하는 경우가 드물었을 것이다. 따라서 전체적인 군대의 규모는 9,000명 내외에서 가감이 있었을 것으로 추측된다.

파우사니아스(7.15.7)는 밀티아데스와 아테네인들이 마라톤 전투가 시작되기 전에 노예들을 해방시켰다고 진술했다. 이어지는 기록(10.20.2)에서 그는 9,000명을 넘지 않는 아테네인들이 마라톤으로 행군했는데 그 중에는 '노인과 노예도 포함되었다'고 밝혔다. 50세 이상의 '늙은 남자들'이 동원된 이후에도 군대의 규모가 정원에 크게 미달했고, 이에 밀티아데스는 아테네 의회에 병력 증강을 위해 필요한 수만큼의 노예들을 해방시키는 법령을 제정하도록 설득했다. 해먼드(Hammond, 1992, 147~150)는 노예들이 별도의 부대를 구성해 전투에 임했을 것이라고 제안했지만 그 이전의 관습을 살펴봤을 때 부족 연대에 통합되었을 가능성이 더 높아 보인다.

## :: 플라타이아군

아티카와 접하고 있는 보이오티아(Boeotia)의 작은 도시 플라타이아는 마라톤 전투 이전부터 30년째 아테네와 동맹관계를 유지하고 있었다. 플라타이아는 테베(Thebes)에 대항하기 위해서 아테네의 보호를 받고자 했다. 보이오티아 지역에서 가장 강력한 도시인 테베는 오랫동안 이 지역 전체를 지배하려는 정책을 취해왔던 것이다. 헤로도토스는 플라타이아 군대의 병력에 대해서는 기록하지 않고 있으나 총동원령[판데메이(*pandemei*)]에 따라 소집된 병력을 전부 제공했다는 사실은 언급하고 있다(6.108.1). 저스틴(Justin, 2.9)과 네포스[Nepos, 『밀티아데스(이하 *Milt*.), 5] 또한 플라타이아의 호플리테가 1,000명에 이르렀다고 말하고 있다. 그런데 이상하게도 헤로도토스는 11년 후인 BC 479년, 페르시아의 제2차 침략이 있었을 때 그들의 병력을 600명으로 기록하고 있다(Hdt., 9.28). 이것은 플라타이아인들 일부가 페르시아 진영에 가담했기 때문에 생긴 병력의 감소로 보이며, 사실 보이오티아에 있는 대부분의 도시국가에서 이런 일들이 발생했다. 어찌되었든 마라톤 전투 당시 플라타이아 군대의 병력을 1,000명으로 보는 쪽이 타당한 추론으로 보인다.

파우사니아스(1.32.3)는 플라타이아인과 노예들을 함께 매장한 무덤이 있다는 내용을 언급하고 있다. 그러나 일부 현대 역사학자들은 플라타이아 시민들과 아테네 노예들이 함께 묻혔다는 사실에 의구심을 갖고 있다.

마리나토스는 브라나의 '고대 그리스 양식'의 고분이 플라타이아인들의 무덤이라고 믿었다. 정면에 돌을 쌓아 만든 입구는 최근에 설치된 것으로 이를 통해 봉분의 안쪽을 들여다볼 수 있다. 발굴된 유해는 다시 원위치로 복귀되지 않았다.

반 데르 비어(Van Der Veer, 303)는 '비아테네 시민'의 신분으로 모두 함께 묻혔을 가능성이 있다고 제안했다. 전투가 벌어지기 전에 아테네가 노예들을 해방시켰는지 아니면 전투가 끝난 뒤 포상으로 자유를 약속했는지의 여부는 알 수 없다. 만일 후자라면 전사한 노예들은 노예의 신분에서 벗어나지 못한 채 죽음을 맞이했을 것이다. 또 전투가 있기 전에 자유인 신분이 주어졌더라도, 그것이 자동적인 아테네 시민권을 의미하지는 않는다.

1970년 스피리돈 마리나토스(Spyridon Marinatos)는 높이 3미터, 지름 30미터의 역사학적인 고분을 발견했다. 이 고분은 아테네 전사자들의 공동묘[소로스(Sorós)]에서 2.5킬로미터 떨어진 브라나(Vrana)에 자리 잡고 있음에도 불구하고 그는 이것을 플라타이아인의 무덤이라고 주장했다. 그러나 이를 단정짓기에는 많은 문제점이 있다. 파우사니아스가 플라타이아인들이 아테네인들과 가까운 곳에 묻혔다고 말했으므로 플라타이아인들의 무덤도 소로스 근처에 있어야 하기 때문이다(Welwei, *Historia* 28, 1979, 101~106). 만일 그 무덤이 플라타이아인 무덤이 아니고 아테네 노예들의 것도 아니라고 하더라도, 그것이 조성된 시기와 매장된 시신들 위에 기념비적 봉분을 쌓았다는 사실은 이 무덤이 마라톤 전투와 관련이 있음을 시사한다(Van Der Veer, 304).

## :: 페르시아군

헤로도토스는 마라톤 전투에 참가한 페르시아 병력에 대해 구체적인 수치를 제시하지는 않았다. 사실 그리스인이 적의 전력을 정확하게 파악하고 있어야 할 근거도 없다. 전투가 끝나고 제2차 페르시아 침략이 있을 때까지 약 10여 년 동안에 동시대의 아테네인들은 자신들이 마라톤 전투에서 46개 국가를 패배시켰다고 주장하고 있다(Hdt., 9.27.5). 진실이 알려지지 않은 가운데, 후세의 작가들은 페르시아군의 수를 무턱대고 과장했다. 로마인인 암펠리우스(Ampelius, 5.9)는 다티스[그리고 티사페르네스(Tissaphernes)!]의 휘하에 있던 병력을 8만 명으로 기록했다. 시모니데스(Simonides: 고대 그리스의 서정시인—옮긴이)는 마라톤 전투를 기념하기 위해 아테네인들이 의뢰하여 쓴 풍자시에서 페르시아 병력을 9만 명으로 기록했는데, 해먼드(1968, 33)는 그래도 그 정도는 '합리적인 수준'에 속한다고 했다. 네포스(*Milt.*, 4)에 따르면, 다티스는 총 20만 명의 보병 부대를 통솔했고, 그 중 10만 명이 전투에 참가했으며, 아르타페르네스는 1만 명의 기병과 500척의 전함을 보유한 함대를 이끌었다고 한다. 플루타르코스는 그의 저서 『모랄리아』(305b)에서 페르시아 병력을 30만 명으로 기록하

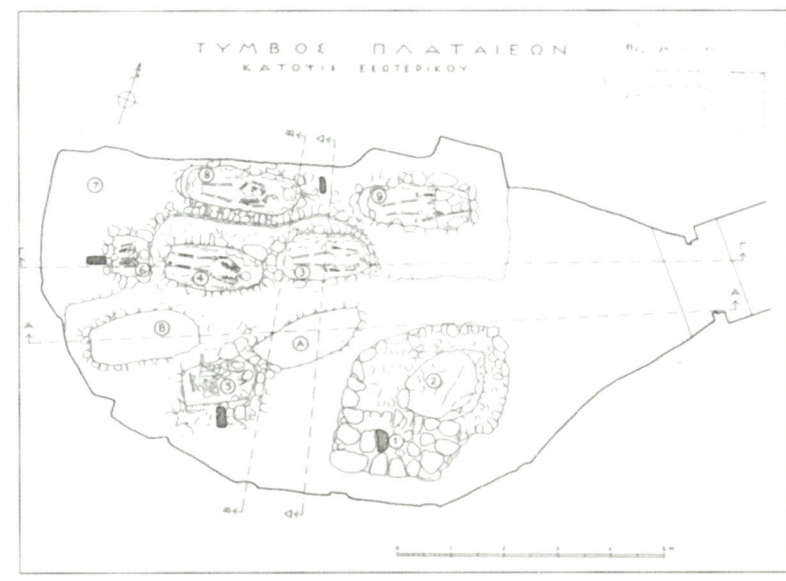

이 '고대 그리스 양식'의 고분에서 11구의 시신이 나왔다. 20세와 30세 사이의 성인 남성 시신이 9구이고, 10세가량의 소년 시신이 1구, 40세가량의 중년 남성 시신 1구였다. 마리나토스는 문제의 소년이 명령을 전달하는 전령의 임무를 수행했을 것이라고 주장했다. 매장된 시신 9구는 각각 1부터 9까지 번호를 부여했고, 화장된 시신 2구는 A와 B로 표시했다. 무덤 위에는 돌로 된 표지가 세워져 있었는데 중년 남자의 무덤 위에 있는 표지에는 희미하게 아르키아스(Archias)라는 이름이 새겨져 있다. 마리나토스는 아르키아스가 플라타이아군 장교였을 것이라고 추정했다. 그러나 글자는 보이오티아 문자가 아닌 아티카 문자로 새겨져 있었다. 돌로 표시한 무덤을 먼저 만든 뒤에 훗날 자갈을 쌓아서 오늘날과 같은 봉분이 생긴 것으로 보인다. 4번 시신의 뼈대와 해골은 고분에서 나온 시신들 중 보존상태가 가장 양호했다. 마라톤 전투에서 사망한 플라타이아인들 중 적어도 한 사람에게는 이곳이 최적의 마지막 안식처였을 것이다. 봉분에서 출토된 유물은 별로 많지 않다. 도기들은 연도가 BC 500~BC 490년으로 거슬러 올라가며, 여기 사진의 검은색 그림이 들어간 아티카 양식의 접시도 유물 중 하나다(마라톤 박물관 K 156) 그림에서는 두 명의 호플리테가 달려가고 있는데 이들은 코린트식 투구를 쓰고 있으며 특이하게도 망토를 두르고 있다. (아테네 고고학 협회)

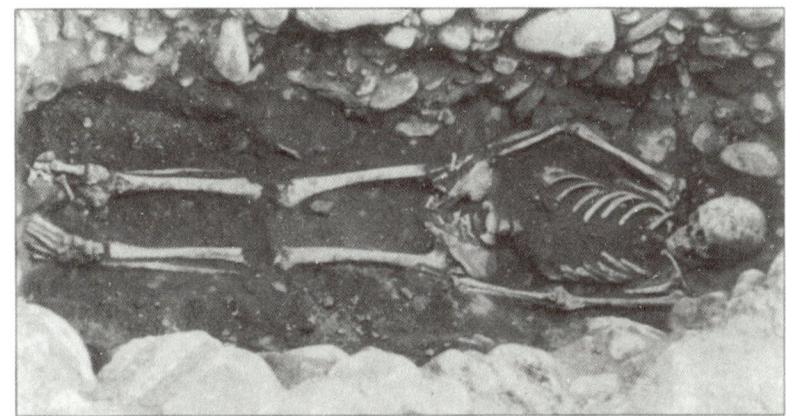

 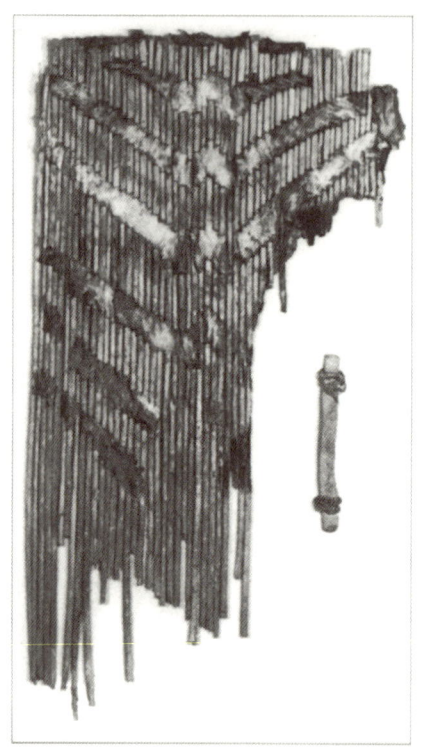

두라유로포스(Dura-Europos: 시리아 동부, 이라크에 가까운 유프라테스 강 하반(河畔)의 살라히예에 있는 고대 도시—옮긴이) 발굴 작업 중 발견된 두 개의 후기형 스파라 방패. 완전한 발굴품은 다마스쿠스(122)에 있으며 단편적인 조각은 뉴헤이븐(New Haven)에 보관되어 있다. 스파라는 하나의 색상을 가진 고리버들을 휘어서 다른 색깔로 염색된 사각형 생가죽 위에 기하학적으로 배열된 구멍을 통해 엮는 방법으로 제작되었다. 생가죽이 마르고 그에 따라 고리버들이 휘어지면서 방패는 커다란 탄성을 갖게 된다. 방패의 중앙에 부착된 손잡이 또한 주목할 만하다.[예일 대학 아트 갤러리(Yale University Art Gallery), 두라유로포스 전시실 1933]

는데, 이 수치는 파우사니아스(4.25.5)와 『수이다스』(Hippias 2)에서도 같다. 플라톤(Menexenos, 240 A)은 다티스가 50만 명의 병사와 300척의 함선—물리적으로 불가능한 수치—을 보유했다고 말했다. 리시아스(Lysias: 고대 그리스의 법정변론대작자—옮긴이)(2.21) 고대 그리스의 법정변론대작자—옮긴이) 또한 50만 명을 주장했으며, 저스틴(2.9)은 그것을 더 부풀려 60만 명으로 만들었다.

페르시아의 병력 규모를 추정하기 위한 출발점은 페르시아 함대가 600척의 3단 노 갤리선으로 이루어졌다는 헤로도토스의 기록(6.95)에서 비롯된다. 여기서 600이라는 수치는 동원해야 할 페르시아 함대 기준인 것처럼 보인다. 스키타이 원정에 동원된 함대(4.87.1)와 라데 해전에 참가한 함대를 포함해 BC 4세기에 동원된 페르시아 함대는 대부분 비슷한 규모를

그레이스 H. 맥커디(Grace H. Macurdy)는 다음과 같은 흰 바탕의 아티카 양식 '레키토스(lekythos: 그리스에서 항아리 모양으로 만들어진 병의 한 형식―옮긴이)'를 공개했는데, 이것은 아마도 마라톤 전투가 있은 지 얼마 지나지 않아 제작되었으며 당연히 그 전투를 묘사하고 있는 것으로 보인다. 넘어져 있는 페르시아인은 코피스 타입의 칼을 쥐고 있으며 왼쪽 옆구리에 칼집을 차고 있다. 맥커디는 또한 호플리테의 방패 아래에 있는 줄무늬의 물체를 페르시아 스파라로 해석했다. 하지만 그것은 호플리테 방패에 두르는 에이프런일 가능성도 배제할 수는 없다. 또한 그녀는 페르시아인이 일종의 계급장으로서 금으로 된 발걸이를 차고 있는 것으로 보았으나 이것 또한 바지의 끝단일 수도 있다. 배경 속의 나무는 마라톤의 신성한 숲이기보다는 단순히 예술적인 관행으로 보는 편이 타당할 듯하다.[*American Jounal of Archaeology* 36(1932), 27]

가졌다. 한 척의 갤리선은 정원이 200명―격군(格軍) 170명과 기타 30명―이었다. 따라서 함대 전체가 물리적으로 수용 가능한 최대 인원은 12만 명이 된다. 병력 수송용 3단 노 갤리선의 경우 탑승한 병력 수만큼 격군의 수를 줄였다. 당시의 관행에 비추어봤을 때 다티스의 함대에서 병력 수송선의 격군은 60명이었을 것이라고 추정되었다(H. T. Wallingha, *Ships & Sea-Power before the Great Persian War*, 1993, 184). 해전이 벌어질 경우 이들 인원이 감축된 병력 수송선에서 선원들을 통합해 소수의 전투 갤리선에 완전편제 정원을 충당했을 가능성도 있다.

페르시아 침략부대의 목표는 에레트리아인들과 아테네인들―대략 수

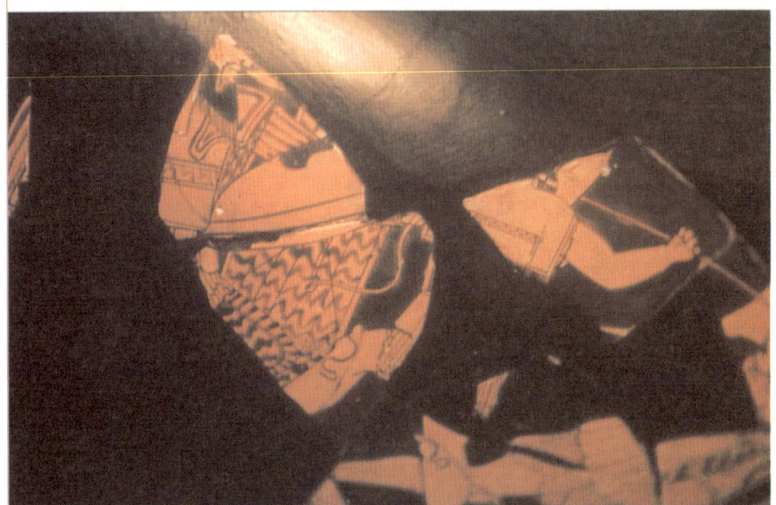

〈위 왼쪽〉 옥스퍼드 브리고스 컵에 나타난 페르시아 스파라바라는 전투의 한순간을 보여주고 있는데, 그림 속의 상황은 그리스 호플리테들이 돌격해와서 막 페르시아의 방패벽에 도달한 장면이다.

〈위 오른쪽〉 옥스퍼드 브리고스 컵에 나타난 두 번째 페르시아 병사. 그의 흉갑은 부분적으로 장식용 가죽과 측면 보호대, 견갑으로 구성되어 있고 견갑은 청동 비늘로 제작되었다.

〈아래〉 여기에서는 돌격하는 호플리테에 밀려 바닥에 쓰러진 페르시아인이 보이는데 이 역시 옥스퍼드 브리고스 컵에 나타난 그림이다. 페르시아 병사는 복합 흉갑을 착용하고 있는데 그것은 그리스인들이 사용하던 것과 동일하다.

만 명 정도의 인원—을 노예로 삼아 다리우스 앞에 끌고 오는 것이었다. 따라서 함대는 원정에서 그 정도 인원을 싣고 돌아올 수 있는 공간을 확보하고 있어야 했다. 그뿐만 아니라 군수 물자를 보관하기 위한 공간도 필요했기 때문에 페르시아 갤리선들은 만재용량을 모두 전투원으로만 채울 수 없었다.

헤로도토스(7.184)는 크세르크세스(Xerxes)가 그리스를 침략했을 당시 각각의 갤리선에는 30명의 페르시아인이나 메디아인(Medes), 혹은 사카이인(Sakai)이 타고 있었다고 기록했다. 이것이 페르시아 또는 그리스 갤리선 한 척이 수용할 수 있는 인원의 평균 수치로 보인다. 키오스(Chios) 섬 소속의 3단 노 갤리선은 라데 해전 시 기록상 최대인원인 40명을 태웠다(Hdt., 6.15.1). 이러한 사실들로부터 추정해볼 때, 페르시아 함대의 최대 인원은 1만 8,000명에서 2만 4,000명 선이었을 것으로 보인다. 라젠비(Lazenby, 46)는 비슷한 방식으로 추론하여 2만 4,000명이라는 수치에 도달했고, 다른 역사학자들 또한 비록 방법은 다르지만 비슷한 수치를 제시했다. 해먼드(1968, 32)의 경우, 에레트리아와 아테네, 스파르타가 힘을 합칠 경우 2만 명 이상의 호플리테를 배치할 수 있기 때문에 페르시아는 최소한 2만 5,000명 이상의 전투 병력을 확보해야만 한다는 추론을 내놓았다.

페르시아 군대는 1,000명의 병사들로 구성된 '천인대', 즉 하자라밤(hazarabam)과 1만 명의 병사들로 이루어진 '만인대', 즉 바이바라밤(baivarabam)으로 조직되었다. 마라톤 전투에서 보병 주력부대는 두 개의 바이바라밤으로 구성되었을 것이다. 만일 다티스가 실제로 메디아의 태수였다면, 이들 부대는 메디아에서 징집된 병사들로 구성되었을 가능성이 있다. 분명 크테시아스(18)는 다티스가 지휘한 함대가 '메디아 함대'였다고 말했다. 다만 그리스 문헌들은 '메디아'라는 단어를 빈번하게 '페르시아'와 동일한 의미로 사용한다는 점이 문제다.

이들 병력은 궁수와 방패지기로 구성되어 있었을 것이고, 고대 페르시아어로 스파라바라(sparabara) 혹은 그리스어로 '게로포로이(gerrhophoroi)'라 불리는 방패지기들이 중세의 파비스(pavise)와 비슷한 형태의 방패(spara)를 세우면 궁수들은 그 뒤에서 화살을 쏘는 전술을 사용했을 것이다. 정예 보병으로 구성된 소수의 하자라밤도 참전했을 것이다. 헤로

페르세폴리스 유적에 새겨진 페르시아의 창병, 아르스티바라를 두 가지 각도에서 묘사한 조각. 스파라바라의 방패벽에 보호를 받으며 활을 쏘는 궁수와 달리 아르스티바라는 전적으로 자신의 창에 의지했다. 마라톤 전투에서 진형의 중앙을 형성했던 페르시아인들이 이런 식으로 무장했었을 것으로 보인다. 그들이 소지한 방패의 측면에 가리비 모양의 장식도 눈여겨볼 필요가 있다.(Michael Roaf)

도토스(6.113)는 전투 시 전선의 중앙부는 가장 뛰어난 정예부대로 페르시아인 자신, 혹은 사카이인들이 담당했다고 기록했다. 이때 정예 페르시아 부대란 창병인 아르스티바라(arstibara)로 구성된 하자라밤을 가리키는 말이었을 가능성이 높다. 고위 지휘관은 그들과 같은 정예 병사들을 경호부대로 삼아 함께 이동하는 것이 표준관행이었다. 사카이인으로 구성된 하자라밤은 추측하건대 두 개 내지 세 개 정도가 존재했던 것으로 보인다.

페르시아 함대는 아이올리스(Aeolis: 소아시아 북서안의 고대 그리스 식민지—옮긴이)인과 이오니아인도 태우고 있었지만 이들이 교전에는 참가하지 않았던 것 같다.

기병 부대 또한 원정에 참여했다. 헤로도토스(6.95)는 말을 태운 수송선들을 다티스와 아르타페르네스가 이끄는 함대와 별도로 언급하고 있다. 기병을 수송하는 데 사용된 수송선의 숫자는 확실치 않다. 당시 아테네와 에레트리아, 스파르타 모두 실제로 동원할 수 있는 기병대를 보유하고 있지 않았다는 사실을 감안하면, 기병 부분에서는 페르시아가 적은 수의 병력으로도 충분히 우위를 점할 수 있었을 것이다. 기병의 수에 관한 한, 우리는 다시 한 번 추론을 할 수밖에 없다. BC 511년에 히피아스는 1,000명의 테살리아(Thessalia: 그리스 중북부에 있는 지방—옮긴이) 기병대라면 아테네군을 충분히 처리할 수 있다는 사실을 이미 알고 있었을 것이다(Hammond, 1968, 44). 내 추측으로는 페르시아 원정군이 1,000명의 기병대로 구성된 한 개 내지 두 개의 하자라밤을 배치했을 것 같다. 이들이 각각 군대의 양익을 형성하는 것이다. 투키디데스(Thucydides, 6.43)는 BC 413년, 아테네인들이 30마리의 말을 실은 갤리선 한 척을 함대와 함께 시칠리아에 보냈다고 적고 있다. 이는 다시 말해 2,000마리의 말을 싣기 위해 70척의 갤리선이 필요하다는 뜻이다. 기병들은 자신의 말과 같은 배에 탔던 것으로 보인다. 기병을 수송하는 갤리선들이 아마도 아르타페르네스에게 별도로 할당된 함대였을 것으로 추정된다.

옥스퍼드 브리고스 컵(Barrett & Vickers)은 페르시아 진영에 소속되어 마라톤 전투에 참가한 부대들과 관련된 정보를 담고 있는 풍부한 그림들을 제공한다. 이 그림들은 화가가 직접 목격한 사실에 따라 제작된 것일 수도 있고, 전사자들의 옷과 장비들을 스케치하여 제작했을 수도 있다. 그러나 우리는 페르시아인과 사카이인을 비롯해 기타 다양한 국적을 가진 병사들이 마라톤에서 싸웠다는 사실을 알고 있기 때문에 컵에 그려진 인물들의 국적을 확인하기란 불가능하다.

그들은 소매가 달린 튜닉과 바지를 입고 있었다. 이것들은 가죽이나 펠트로 제작되었고 다양한 색상의 재료를 사용해 띠를 부착해서 화려한 장식적 효과를 구현했다. 소매는 보통 박음질을 해서 세로로 길게 리본을 하나 달았다. 그리고 소매의 나머지 부분은 역시 옷감을 바느질로 부착한 띠로 장식되었는데 수평방향으로는 물결 혹은 직선 형태의 두꺼운 밴드무늬를, 세로 방향은 가늘고 긴 줄무늬를 형성했다. 양쪽 소매가 서로 다르게 장식되거나 같은 모양으로 장식되는 형태가 모두 존재했다. 소매 끝은 살짝 말아 올려서 마무리했다.

바지의 장식 또한 튜닉의 소매와 유사했다. 양쪽 가랑이는 앞뒤로 어두운 색깔의 띠가 세로로 줄무늬를 형성했는데 짐작하기로는 바느질 선을 따라 띠를 부착했을 것이다. 때때로 띠가 가랑이의 바깥쪽 측면에 부착되기도 했는데, 이는 19세기 군복 바지의 측면 줄무늬와 비슷하다. 이러한 세로 바느질 선에 의해 구분되는 부분은 장식 없이 그대로 놔두는 경우도 있었지만, 때로는 가로로 바느질 된 띠로 장식되기도 했다. 이 수평의 띠 역시 물결 형태나 직선의 형태를 취했다.

48쪽(위 왼쪽) 사진의 스파라바라가 쓰고 있는 다섯 개 래핏(lappet)이 달린 페르시아 두건은 그리스 예술의 표준과는 거리가 있으며, 이는 화가가 마라톤과 관련된 특정한 자료를 참고해 그림을 그렸다는 사실을 암시한다. 흉갑 또한 일반적으로 등장하는 형태가 아니다. 마름모꼴 복합 흉갑의 중앙에 있는 작은 점들은 청동 장갑판과 그것의 겉을 싸고 있는 가죽을 흉갑의 안팎에서 고정시키는 역할을 했던 리벳 자국으로 보인다. 또 대각선을 그리는 선들은 바느질 선일 가능성이 높다. 이것이 중세 시대의 '잭(jack: 중세 보병이 입던 소매 없는 가죽 상의—옮긴이)'이나 '브리건틴(brigantine: 중세 갑옷의 일종—옮긴이)'에 해당하는 아케메네스 왕조 양식의 갑옷이다. '프테루게스(pteruges)', 즉 허리깃(groin-flap)들이 흉갑 밑면에 일렬로 붙어 있다. 이들은 딱딱한 가죽으로 제작된 것으로 보이며 아래쪽 끝을 의도적으로 갈라서 술처럼 만듦으로써 허벅지가 긁히지 않게 배려했다. 바지는 짙은 색상의 천을 다이아몬드 혹은 불규칙한 나뭇잎 형상으로 잘라서 붙이는 방식으로 장식이 되었다. 부츠는 가죽으로 된 싸개로 발에 고정했다. 부츠의 끝에는 꼬아 만든 끈이 달려 있고 이들을 발목 위에서 매듭으로 묶었다. 매듭은 바지 속에 감추었다. 부츠의 색깔은 염색하지 않은 상태의 황갈색이었을 것으로 보이나 현존하는 그림들에서는 노랑, 빨강, 심지어 파랑색으로 염색된 페르시아 부츠가 보이고 있다.

48쪽(위 오른쪽)의 사진은 옥스퍼드 브리고스 컵의 두 번째 페르시아 병사를 보여준다. 그가 착용한 흉갑의 가슴 부분은 마름모꼴 무늬로 장식된 가죽을 덧대었다. 가슴 부분의 가장자리에 좌우로 옆판의 모습도 보이는 반면, 딱딱한 바탕 위에 청동 비늘을 꿰매어 덮었고 옆구리 부분은 노출되어 있다. 견갑 역시 끝이 동그란 형태의 청동 비늘로 덮여 있으며 가장자리는 가죽으로 둘러싸여 있다. 허리깃은 아래로 길게 처진 직사각형 철판으로 밑면 모서리는 곡선인 전형적인 형태를 취하고 있다. 하지만 겉은 가죽으로 싸고 그 위에 대각선을 경계로 반은 흰색, 반은 검정색으로 채색되어 있다. 허리깃 밑으로 허리 밑 부분에 대한 추가적 보호수단으로서 주름진 옷감으로 제작한 의복을 하나 더 걸쳤는데 그것은 튜닉이 아니라 일종의 에이프런인 것처럼 보인다. 그것은 가장자리와 평행하게 이어지는 어두운 색상의 줄무늬로 장식되어 있다.

48쪽 아래에 있는 사진에는 세 번째 페르시아 병사의 모습이 보이고 있는데 그는 돌격해온 그리스 호플리테에 밀려 쓰러져 있다. 컵의 파편 가운데에 보이는 호플리테 방패에는 황소 머리에 해당하는 문양의 끝부분이 드러나 있다. 호플리테 방패 바로 뒤로 페르시아인의 스파라(방패)가 보인다. 흉갑은 그리스인들이 사용하던 복합 흉갑과 같은 유형이다. 허리깃 아래로 허리를 감싸고 있는 에이프런이 눈에 띈다. 멋진 턱수염이 인상적이다. 왼쪽에 있는 파편에는 코피스(kopis) 검을 들고 있는 오른손의 팔뚝이 보이는데 칼은 단지 자루의 끝만 드러나고 있다. 코피스 검은 만도(machete: 벌채용 칼—옮긴이)의 형태를 많이 닮았다. 철제 날의 겉면은 서서히 곡선을 그리며 칼끝으로 갈수록 얇아지고 칼코등이 없는 손잡이는 두 개의 나무판 혹은 석판으로 칼날을 양쪽에서 조인다. 칼집은 두 개의 나무판을 결합한 다음 가죽으로 싸서 만드는데 그리스 화병의 그림에서는 생략되는 경우가 빈번하다.

| 양측 전략 |

이집트 도시 아트리티스(Athritis)에서 발견된 헤로도토스의 흉상으로 4세기 초 제작된 원본을 복제한 작품이다. 흉상의 헤로도토스는 중년에 접어든 모습으로 이마는 넓고 명석해 보이며 눈매는 날카롭고 분별력이 있어 보인다. 키케로(Cicero)가 사용한 '역사의 아버지'라는 호칭에 가장 잘 어울리는 모습이 아닐 수 없다.[조지 F. 베이커(George F. Baker)의 1891년 기증품, 뉴욕 메트로폴리탄 박물관 91.9]

페르시아의 목적은 결코 정확하게 알려져 있다고 볼 수 없다. 오늘날 우리에게 남겨진 자료들은 아테네의 관점에서 기술된 것들이 많아서 공정하고 폭 넓은 시각을 갖기가 쉽지만은 않다. 심지어 『수이다스』(Hippias)는 아테네의 이전 참주 히피아스가 페르시아 왕을 설득해 그리스를 침략하도록 만들 수 있었던 이유를 페르시아 왕이 그리스 내륙지방에서 나는 무화과를 좋아했기 때문이라고 기록하기도 했다.

헤로도토스(6.94)는 다리우스가 페르시아 지휘관들에게 아테네와 에레트리아 사람들을 노예로 잡아 그의 앞에 끌고 오라는 지시를 했다고 전했다. 플라톤(Menexenos, 240B)은 이에 덧붙여 다티스가 목숨을 걸고 아테네인들과 에레트리아인들을 포로로 끌고 오라는 명령을 받았다고 기록했다.

플루타르코스(Arist., 5.1)는 다리우스의 진짜 목적이 단순히 사르디스를 불태운 아테네인들을 벌하는 데 그치지 않고 그리스 전체를 정복하는 데 있다고 말했다. 실리(Sealey 1976, 17) 또한 그의 주장을 지지했다. BC 492/491년 항복을 요구하는 페르시아 사절단이 방문한 국가 속에는 단순히 아테네와 에레트리아를 넘어 기타 여러 그리스 도시국가들이 포함되어 있었다. 실리는 BC 490년 페르시아의 그리스 침략 의도가 "에리트리아와 아테네를 점령하여 보다 큰 규모의 군대를 상륙시킬 수 있는 기지를 확보하는 데 있었으며, 이어서 본격적인 정복 활동이 뒤따를 예정"이었다고 주장했다.

스키타이 원정에 앞서 다리우스는 페르시아 왕실의 의사였던 크로톤(Kroton)의 데모케데스(Demokedes)의 인솔 하에 페르시아인 15명을 그리스 국가에 보낸 적이 있었다. 이러한 사실로 볼 때, 다리우스의 관심은 아테네와 에레트리아 침략 이상이었고 그런 관심은 마라톤 전투가 있기 20

년 내지 30년 전부터 이미 시작되었다고 할 수 있다. 그들은 시돈(Sidon: 현재 레바논 자누브 주의 주도—옮긴이)에서 출발해 이탈리아에 있는 그리스 도시들에 이르기까지 항해를 계속하면서 해안선을 관찰했다. 관찰한 내용은 동행한 서기에 의해 스케치나 문장의 형태로 기록되었을 것으로 보인다. 이들은 한때 이탈리아에서 난파해 노예가 되었으나 곧 몸값을 지불하고 다리우스에게 돌아왔다.

BC 501년, 이오니아 반란을 유발한 여러 사건들이 잇따라 발생하기 시작하던 시기, 밀레투스의 참주 아리스타고라스(Aristagoras)는 낙소스(Naxos)와 파로스(Paros), 안드로스(Andros)를 비롯해 키클라데스(Cyclades) 제도의 기타 여러 섬들을 경유하는 공격로를 통해 에우보이아(Euboea)가 쉽게 공격받을 수 있다는 사실을 지적했다. 실제 페르시아의 반란 진압작전은 낙소스에서 멈췄지만, 다리우스의 승인을 받기 위해 제출된 작전계획은 분명 생생하게 남아 있었을 것이다. 원래 이오니아 반란을 진압한 후, 페르시아 군대는 꾸준히 서쪽으로 진출해 에게 해 북부 해안선에서 마케도니아까지 도달했었다. 그러나 아토스 산 앞바다에서 페르시아 함대의 절반이 난파당하는 일을 겪게 되자 다리우스는 생각을 바꾸었던 것 같다. 이후 페르시아인들이 키클라데스 항로에 다시 도전하게 된 것은 BC 490년의 일이다.

페르시아인들은 전쟁이 정치의 연장선상에 있다는 사실을 잘 이해하고 있었다. 그들이 가장 선호한 방법은 싸우지 않고 이기는 전략이었으며 포위 공격을 위한 장비는 가지고 다니지 않았던 것으로 보인다. 만약 가능하기만 했다면, 아테네와 에레트리아를 정치적 술수를 통해 정복하려고 했을 것이다. 히피아스는 아테네의 지지자들, 특히 부유하면서 그 수도 많은 알크마이온(Alkmaeon) 일족과 비밀리에 접촉을 유지하면서 페르시아인들에게는 싸우지 않고 도시를 점령할 수 있다는 장담을 했을지도 모른다.

전투가 불가피해지자, 페르시아인들은 자신의 강점이 우세한 기병 전력에 있다는 사실을 파악했다. 다리우스가 말을 수송할 배를 제작하도록 특별히 명령했던 이유도 거기에 있었다. 그러나 이러한 수송선으로 인해 함대의 행동에 제약이 생긴 것도 사실이다. 상륙작전은 야간전투만큼이나 위험했다. 이상적인 경우라면 상륙군은 아무런 저항이 없는 넓은 해안선이 필요했고, 그곳에 말과 병력, 보급품을 하역할 수 있어야 함은 물론 함대를 폭풍으로부터 보호할 수 있는 정박지도 같이 있어야 했다. 또 해안은 뒤쪽으로 평원지대와 연결되어 있어야 했는데, 그곳은 기병이 최대의 효과를 낼 수 있을 정도로 공간이 넓어야 했고 말과 병사들이 먹을 식수도 풍부해야만 했다.

에우보이아 섬에서 이러한 최적의 상륙 조건을 갖춘 해안은 칼키스(Chalcis)와 에레트리아 사이에 위치한 렐란티네(Lelantine) 평원이었다. 아티카에서는 선택의 폭이 더 넓었다. 예를 들어 아테네 근처에는 살라미스(Salamis: 키프로스 섬의 동쪽 해안에 있는 고대도시―옮긴이) 맞은편에 위치한 트리아시아 평원을 비롯해 팔레론(Phaleron)과 아테네 사이의 평원이 기병대가 필요로 하는 조건을 갖추고 있었다. 이 두 평원은 모두 그들의 최종 목적지인 아테네에 근접해 있었으므로 상륙 과정에서 시간이 지체될 경우 아테네의 저항을 받게 될 가능성이 높았다. 마라톤의 경우 페르시아군은 안전하게 상륙에 성공했던 것으로 보인다(Whatley, 138). 최근에는 룻사(Loutsa) 만이 또 다른 상륙장소로 추정되기도 했다(Hodge, 2001).

페르시아군이 마라톤에 상륙하기로 결정했다는 사실은 (히피아스의 조언에 따라) 그들의 작전목표가 아테네로부터 군대를 밖으로 유인하는 데 있었음을 의미한다. 그들은 어쩌면 아테네 호플리테들이 도시를 비운 틈을 타서 내부의 정치적 동맹자들이 도시를 장악한 뒤 그것을 그들에게 넘겨주기를 기대했는지도 모른다(Munro, 1899).

에레트리아와 아테네는 페르시아에 저항하기로 결심했고 스파르타는 그들 두 도시국가를 지원하겠다고 선언했다. 당시 스파르타는 그리스에서 착실하게 맹주의 지위를 구축한 상태였는데 이를 지키기 위해서는 그 어떤 희생도 불사할 각오가 되어 있었다. 만일 그 두 국가를 지원하지 않으면, 아테네와 에레트리아의 전력은 약해질 수밖에 없었다. 그러다가 그들이 패하기라도 하는 날에는 스파르타의 문전에서 새로운 그리스 도시국가 동맹이 형성되고 스파르타에 대한 유일한 대안으로 페르시아가 그들의 맹주 역할을 하게 될 것이었다.

일단 정치적 결정은 내려졌지만, 그리스 동맹에게 허용된 군사적 행동 방침은 제한되었다. 첫 번째 가능성은 페르시아 영토를 선제공격하는 전략에 있었다. 그러나 스파르타는 정책상 에게 해 너머로 해상을 통해 군대를 파병하지 않았다. 이는 스파르타가 BC 526년 해상 원정에 나섰다가 사모스(Samos)의 참주 폴리크라테스(Polycrates)를 타도하는 전쟁에서 패배한 후로부터 굳건히 지켜온 일종의 원칙이었다. 이 정책으로 인해 스파르타의 클레오메네스 왕은 이오니아 반란이 벌어졌을 때 밀레투스의 아리스타고라스가 보낸 원조 요청을 거절한 바도 있었다.

결과적으로 전략적인 주도권은 페르시아로 넘어가게 되었다. 그리스인들은 페르시아가 움직일 때를 기다렸다가 그에 맞추어 행동해야만 했다. 이러한 소극적 전략은 결국 페르시아군이 마라톤에 상륙했을 때 에레트리아와 아테네에서 그에 대한 대항책을 논의하는 과정에서 의견이 둘로 갈라지는 사태를 초래했다.

| 전역 |

다리우스 곁을 떠난 페르시아 장군들은 군대를 이끌고 킬리키아(Cilicia)의 알레이안(Aleian) 평원으로 행군해 일단 그곳에 숙영했다. 헤로도토스(6.95)의 말에 따르면 그들은 그곳에서 '장군들에게 각각 할당된 전체 함대'와 합류했다. 대부분의 함선은 페니키아 도시들이 제공했을 가능성이 높다(Hdt., 6.118). 수송선에 말들을 싣고 군사들을 태운 후, 전 함대는 이오니아를 향해 항해에 나섰다.

## :: 키클라데스 전역

함대의 첫 번째 목적지는 로도스(Rhodes) 섬이었을 것이다. 섬 전체가 통일되어 로도스 시를 건설하기 전, 린도스(Lindos)는 이 섬의 가장 큰 도시였다. 페르시아 함대가 로도스 근처에 주둔했었다는 사실은 '린도스 연대기(Lindos Chronicle)'로 알려진 비문에 기록되어 있다. 이 비문에는 린도스의 아테나 신전과 관련된 신화적 이야기들이 적혀 있다(M. Hadas, *Hellenistic Culture*, 1959, 166~167).

> 페르시아의 왕, 다리우스가 헬라스(Hellas: 고대 그리스인이 자기 나라를 부르던 이름—옮긴이)를 노예로 삼고자 대군을 출정시켰을 때, 그의 함대가 처음으로 도착한 장소가 바로 이 섬이다. 주민들은 페르시아 군이 접근해오자 두려움에 떨었고, 안전한 요새를 찾아 피신했는데 대부분이 린도스로 몰려들었다. 따라서 야만인들은 린도스를 포위하여 식수가 부족한 린도스의 약점을 공격하려고 했다. 결국 린도스 주민들은 야만인들에게 도시를 넘기는 문제를 고려하지 않을 수 없게 되었다. 바로 그 시점에 행정관들 중 한 사람의 꿈속에 아테나 여신이 나타나 용기를 잃지 말라며, 아버지인 제우스 신의 도움을 받아 자신이 직접 필요한 물을 공급해주겠다고 했다. 행정관은 꿈속에 나타난 아테나의 말을 시민들에게 전했다. 이에

시민들은 식수의 양을 조사해 5일분의 물만이 남아 있음을 확인하게 되었다. 이를 근거로 야만인에게 딱 5일 동안만 휴전을 제의하면서 아테나 여신이 제우스 신에게 도움을 요청했으며 만일 그 원조가 정해진 시간까지 이루어지지 않을 경우에 도시를 넘겨주겠다는 말도 덧붙였다.

다리우스의 해군 제독인 다티스는 이 요청을 전해듣자마자 웃음을 터뜨렸다. 하지만 다음 날, 아크로폴리스 하늘 위로 엄청난 양의 구름이 몰려들었고 곧 구름 속에서 비가 쏟아지기 시작했다. 이로써 모든 사람들의 예상과는 달리, 포위된 린도스인들은 충분한 물을 확보하게 되었고 페르시아군은 오히려 물이 부족해졌다. 야만인들은 여신의 출현에 크게 감동을 받았다. 다티스는 자신이 차고 있던 장신구들을 신에게 봉납했다. 그 속에는 망토와 목걸이, 팔찌뿐만 아니라 티아라(tiara: 고대 페르시아인이 머리에 쓰던 관—옮긴이)와 스키미타르(scimitar: 아랍 양식의 언월도—옮긴이), 전차까지 포함되었다.

다티스는 자신의 임무를 수행해야 했고, 따라서 로도스를 출발하기 전 자신이 포위했던 사람들과 화친을 맺었다. 그리고 공개적으로 이렇게 선언했다. "이들은 신들의 가호를 받는 사람들이다."

헤로도토스는 페르시아 함대가 이오니아에 도착하기 전까지 군사적 활동에 대해서는 아무것도 언급하지 않고 있다. 따라서 학자들은 린도스 공성전이 전적으로 허구가 아니라는 가정 하에, BC 494년 이오니아 반란을 진압하는 마지막 전역에서 벌어진 사건이라고 생각하게 되었다(Burn, 1984, 210~211, 218). 하지만 나는 개인적으로 린도스 공성전이 BC 490년 전역에서 발생한 일이며, 이것은 헤로도토스가 생략해버린 많은 군사 활동들 중 하나라고 생각한다.

페르시아 함대는 사모스로 항해했고 이어 이카리아 해를 곧바로 가로질러 에레트리아에 도착했다. 헤로도토스(6.95)는 그들이 위험한 아토스

## 키클라데스 전역

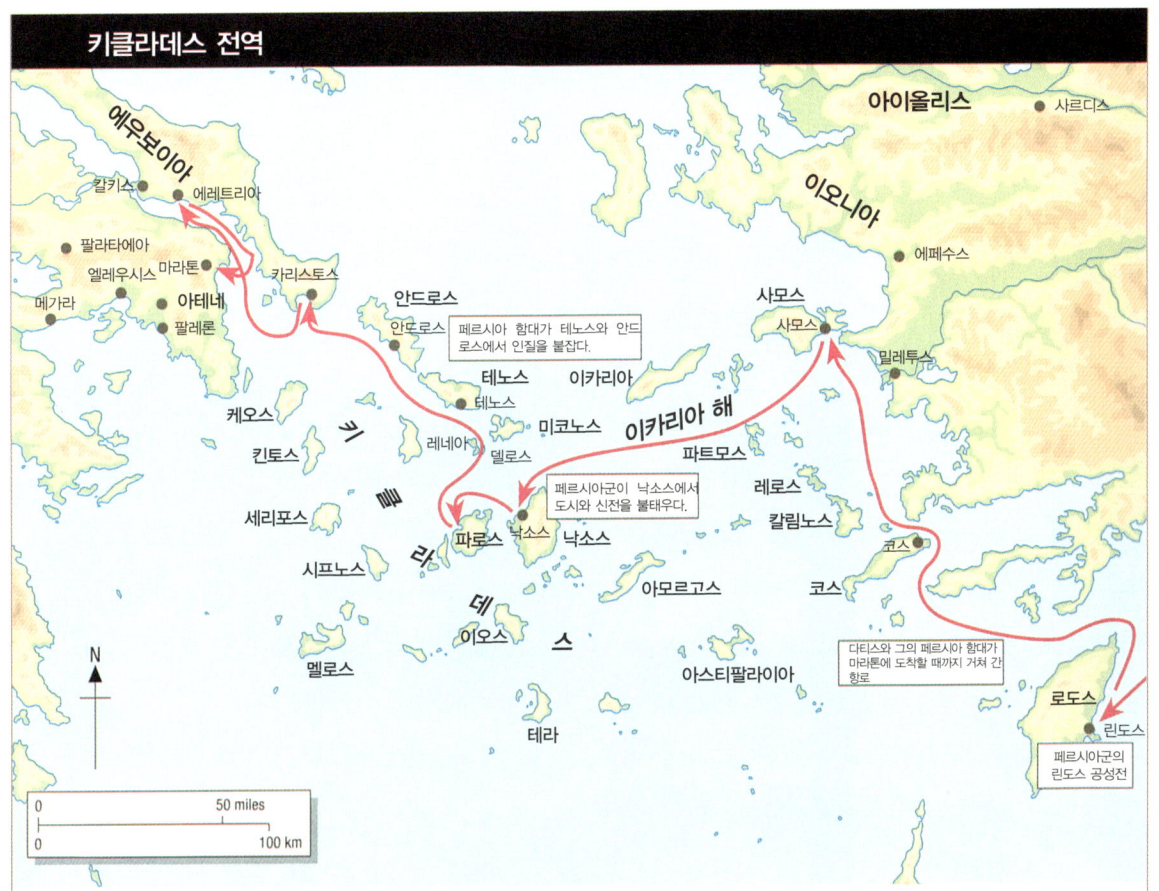

산 인근 해역을 피하는 한편 낙소스 섬을 그들의 지배 하에 두기 위해 이런 항로를 선택했다고 믿었다. 그로부터 10년 전, 낙소스인들은 200척에 이르는 페르시아 함대의 포위공격을 4개월에 걸쳐 저지한 경험이 있었다. 하지만 헤로도토스에 따르면, 이번에는 낙소스인들이 모두 언덕으로 도망쳐버렸다. 페르시아군은 낙소스인들을 사로잡는 족족 노예로 삼았고 그들의 도시와 신전들을 불태웠다. 그러나 플루타르코스(*Mor.*, 869B)는 이에 대해 다른 내용의 진술을 남겼다. 그의 주장에 따르면, 낙소스 연대기에 다티스는 낙소스인들에게 해를 끼치려는 의사가 없었음에도 불구하고, 결국 낙소스의 신전들을 불태울 수밖에 없는 상황으로 내몰렸다는 기록이 남아 있다고 했다.

그 다음 페르시아 함대의 방문지는 파로스 섬이었을 가능성이 높다. 헤로도토스(6.133)가 파로스인들이 그들의 배를 동원하여 마라톤 전투에서 페르시아인들을 지원했다는 내용을 기록하고 있기 때문이다. 파우사니아스(1.33.2~3)는 승리에 대한 자신감에 가득 차 있던 나머지 페르시아군이 승전 트로피로 조각하기 위해 파로스에서 대리석 한 덩어리를 가져갔다는 전설을 기록했다. 페르시아의 패배는 추측건대, '인과응보'의 여신 네메시스의 심판에 따라 내려진 징벌이었을지도 모른다. 그녀는 마라톤 인근의 람누스(Rhamnous)에 신전을 갖고 있었고 페르시아의 자만에 대한 벌을 내렸다는 것이다. 파우사니아스에 따르면, 훗날 페이디아스(Pheidias: 고대 그리스의 조각가—옮긴이)가 조각한 네메시스 상은 마라톤 전투 후 노획한 바로 그 파로스의 대리석 덩어리를 조각한 것이라고 한다.

페르시아 함대가 가까워지자 델로스인들은 테노스(Tenos)로 달아났다. 다티스는 델로스의 신성(神聖)을 존중해 인근의 다른 섬인 레네이아(Rheneia)에 닻을 내렸다. 그는 전령을 보내 다리우스 왕에게서 받은 명령을 전했다. 그것은 델로스에서 태어난 쌍둥이 신, 아폴론(Apollon)과 아르테미스(Artemis)를 존중하는 의미에서 섬과 주민들에게 어떠한 해도 가하지 말라는 내용이었다. 다티스는 300탈란트 무게의 유향을 제단에 바쳤다. 아마 이를 통해, 페르시아 측을 도와 침략에 참가한 이오니아인들의 예민한 종교적 감성을 충족시켰을 것이다(Grote, 258). 그가 델로스에서 떠날 때 섬에는 지진이 발생했다. 델로스인들이 헤로도토스에게 밝힌 바에 따르면 그것은 델로스 역사상 유일한 지진이었다. 헤로도토스는 이것이 앞으로 발생할 역경의 전조였을 것이라고 주장했다.

## :: 에레트리아 함락

다티스는 '이오니아인들과 아이올리스인들을 이끌고' 에레트리아를 향해

플라톤은 에레트리아의 함락과 관련하여 자세하고 귀중한 사실들을 후세에 남겼는데, 그것은 헤로도토스의 기록과 많은 차이를 보였다. 그는 또한 스파르타인들의 아테네 원군이 전장에 늦게 도착한 이유가 당시 스파르타는 메세니아인(Messenian)의 반란을 진압하는 중이었기 때문이라는 사실을 전했다. 그림의 초상화는 로마 시대에 제작된 여러 흉상들을 재구성한 작품으로 그 흉상들은 동시대에 존재하던 서로 다른 두 개의 초상화를 모델로 했을 것이다(G. R. Levy, *Plato in Sicily*, 1956, 권두화).

계속 진격했다(Hdt., 6.98). 아이올리스는 이오니아의 북쪽에 자리 잡고 있으며 페르시아 함대가 직접 그곳을 방문한 적은 없었다. 따라서 아이올리스인들은 아마도 사모스에서 다티스와 합류한 것으로 보인다. 또 일부 이오니아인들은 노예가 된 낙소스인이었을 것으로 추정된다. 헤로도토스(6.99)는 델로스와 에레트리아 사이에 위치한 섬들의 주민들이 병사 내지는 인질로서 함대와 동행했다고 기록했다. 테노스와 안드로스를 비롯해 기타 섬들은 이전에는 페르시아에 복종하지 않았었다. 페르시아의 주목적은 이들 섬을 이오니아 반란의 가담자로서 징벌하는 데 있지는 않았다. 그 보다는 그들의 항복을 수용함으로써 미래의 속국이자 병력동원 대상지로 삼기 위해서였다.

에우보이아에 도착한 함대는 카리스토스(Karystos)에 입항해 마찬가지로 인질과 병력을 요구했다. 처음에 카리스토스인들은 이웃 국가인 아테네와 에레트리아의 반대편에 설 수 없다며 이를 거절했다. 페르시아군은 공성전을 감행하여 그들의 영토를 짓밟았고 결국 카리스토스는 굴복했다.

영국 장군 프레더릭 모리스(Frederick Maurice) 경(19)은 다음과 같이 진술했다.

"카리스토스 만을 전진기지로 선택했다는 점으로 미루어, 페르시아 지휘관들이 군사적으로 유능했다는 사실을 알 수 있다. 그곳은 모든 함선에 좋은 정박지와 신선한 물, 식량을 제공했다. 게다가 아테네나 에레트리아 어느 쪽을 공격하기에도 적합한 위치였기 때문에 그리스 측은 페르시아의 다음 행보에 대해 어떤 판단도 내릴 수 없었다."

전해오는 이야기에 따르면, 에레트리아인들은 아테네에 도움을 요청했다. 그들은 아마 라케다이몬(Lakedaimon)에도 도움을 요청하는 전령을

메갈로 마티(Megalo-Mati)의 전경. 고대의 마카리아(Makaria) 샘이 그레이트 마시(Great Marsh)에 물을 공급했고 그 늪지로부터 오늘날의 스타브로코라키(Stavrokoraki) 산의 바위산 돌출부가 평원으로 이어졌다. 평원은 행정구역상 고대의 트리코리토스(Trikorythos) 데모스에 속해 있었다.

보냈을 것이다. 아테네는 BC 506년에 칼키스로부터 빼앗은 에레트리아 국경 근처의 자국 식민지들로부터 지원 병력을 파견했다. 헤로도토스(5.77, 6.100)는 그 병력이 4,000명에 달했다고 했으나 그것은 거의 불가능에 가까운 과장된 수치인 것처럼 보인다(Berthold, 86 n.16). 아엘리아누스(Aelianus, *VH*, 7.1)는 그 수를 2,000명으로 보았다.

플라톤(*Menexenos*, 240B)은 에레트리아인들이 그리스에서 가장 유명한 전사들 중 하나였으며 그 수 또한 결코 적지 않았다고 전하고 있다. BC 490년경에는 그들의 수가 크게 증가해 호플리테 3,000명과 기병 600명, 전차 60량이 에레트리아 제사행사의 행렬에 참가했다(Strabo, 10.1.10). 이렇게 상당한 전력에도 불구하고, 에레트리아인들은 일관된 계획을 수립할 수 없었다. 일부 주민은 도시를 버리고 산으로 도망가려고 했으며, 일부는 아예 페르시아에 항복하고 도시를 내주려고 했다. 헤로도토스(6.100)의 기록에 따르면, 에레트리아 지도계층의 한 명으로서 노톤(Nothon)의 아들인 아이스키네스(Aeschines)가 당시 에레트리아의 상황에 대해 아테네인들에게 경고를 전하며 먼저 아티카를 방어하는 전략을 고려해야 한다고 주장했다. 이에 따라 아테네의 식민지인들은 에우보이아를 떠나 오로푸스(Oropus) 해협을 건넜고 아테네로 행군해 아테네 주력부대에 합류했다.

페르시아군은 에레트리아 영내의 타미나이(Tamynai)와 코이레아이(Choireai), 아이길리아(Aigilia)를 확보했다. 워틀리(138)에 따르면, 페르시아인들은 상륙지점으로 잠재성을 갖고 있는 이들 세 지점을 점령함으로써 그들이 아무런 저항을 받지 않고 상륙할 수 있는 지점을 적어도 하나는 확보할 수 있게 되었다. 이어서 페르시아군은 렐란티네 평원에 기병 부대를 전개시키는 데 성공했으며 이를 통해 전투준비를 마쳤다. 에레트리아인들은 평원에서의 전투를 회피하고 도시 성벽 안으로 들어가 농성 채비를 갖췄다.

페르시아군의 에레트리아 공격은 6일간 계속되었고 양쪽 진영 모두 상당한 사상자가 발생했다. 7일째 되던 날, 에레트리아의 지배계층에 속하는 알키마쿠스(Alcimachus)의 아들 에우포르보스(Euphorbos)와 키네아스(Kyneas)의 아들 필라그로스(Philagros)(참조. Paus., 7.10.2)가 페르시아군으로부터 영지의 보상을 약속받고 도시를 팔아넘겼다(Plut., *Mor.*, 510B). 또 다른 에레트리아인 공길로스(Gongylos)가 다티스와 원정에 동행한 이유는 히피아스가 아테네에 대해 그렇게 했던 바와 같이 에레트리아인들과 접촉해 반역을 유도하려는 것이었을 가능성도 있다(Avery, 1972, 17). 크세노폰(Xenophon, *Hell.*, 3.1.6)은 공길로스가 페르시아를 지지하는 유일한 에레트리아인이었고 그로 인해 추방을 당했다고 기록했다. 페르시아 왕은 그에게 아이올리스 지역의 도시인 감브리온(Gambrion)과 팔라이감브리온(Palaigambrion), 미리나(Myrina), 그리네이온(Gryneion)을 주었다. 이후 그의 후손들은 100여 년이 넘게 그 도시들에 거주했다. 하지만 그로트(259 n.2)는 플라톤이 에레트리아에서 배신행위가 있었다는 내용을 전혀 언급하지 않았음을 지적했다.

헤로도토스에 따르면, 페르시아인들은 에레트리아에 입성한 후 주민들을 노예로 삼고 신전을 약탈하고 방화함으로써, 그리스인들이 사르디스의 신전을 불태운 사건에 대한 보복을 했다. 플라톤(*Menexenos*, 240B~C)은 이 일에 대해 약간은 다른 내용의 기록을 남겼다. 그의 기록에 따르면, 에레트리아의 저항은 3일간 지속되었고, 마침내 저항이 종식되자 다티스는 에레트리아 지방 전역에 대한 철저한 수색작전에 들어갔다. 그의 군사들은 에레트리아의 경계선으로 행군한 뒤 손에 손을 맞잡고 섬의 한쪽 해안선에서 맞은편 해안선으로 이어지는 인간장벽을 만들었다. 그리고 그 상태로 앞으로 진군해 에레트리아를 관통했는데 그 결과 그들은 왕에게 단 한 명의 에레트리아인도 도주하지 못했음을 자신 있게 보고할 수 있었다. 헤로도토스는 에레트리아 영내의 '투망작전(netting)'에 대해서는 전혀 언급하고 있지 않다. 스트라보(10.1.10)는 잘못된 정보를 기록으로 남겼는데, 그는 플라톤이 아닌 헤로도토스가 투망작전에 대해 언급했다고 말했다.

플라톤은 그의 두 번째 저서, 『법률(*Laws*)』(3.699D)에서 약간은 다른 내용을 진술했다. 다티스는 아테네에 사자를 보내 어떻게 단 한 명의 에레트리아인도 페르시아 군대로부터 달아날 수 없었는지를 설명했고, 이 설명으로 인해 '그것의 진실성과 그 출처에 상관없이' 모든 그리스인들, 특히 아테네인들을 공포로 몰아넣었다.

만일 페르시아인들이 에레트리아에서 '투망작전'을 실제로 전개했었다면, 이는 선전효과를 노린 전략으로 아테네인들이 겁에 질려 항복하게 만들려는 의도였던 것으로 보인다. 그럼에도 불구하고, 충분한 숫자의 에레트리아인들이 빠져나가서 10여 년 뒤 살라미스 해전에서는 7척의 갤리선에 정원을 채울 수 있었고(Hdt., 8.1, 46), 플라타이아 전투에서는 이웃인 스티레아(Styrea)인들과 함께 600명의 호플리테 병사를 제공했다(Hdt., 9.28).

## :: 마라톤 상륙

에우보이아에서 며칠을 보낸 후, 다티스는 아티카를 향해 출항했다. 헤로도토스(6.102)는 페르시아군에게 기병대 작전에 가장 적합하고 에레트리아에서도 가까운 장소로서 마라톤을 권고한 사람이 바로 히피아스였다고 기록하고 있다. 함대가 항해에 나서기 전날 밤, 히피아스는 자신이 어머니와 함께 누워 있는 꿈을 꾸었다. 그의 해몽에 따르면 그는 아테네로 귀환

키노수라 곶에서 바라본 스토미(Stomi) 호수 바닥으로 현재는 물을 뺀 상태다. 사진 바로 앞쪽에는 모래로 뒤덮인 스코이니아스 해변이 보이고 이어서 다복솔 지대가 나타난다. 나무숲과 사진 뒤로 보이는 드라코네라(Drakonera) 산 사이에 엷게 풀로 덮인 부분이 과거에 호수였던 자리를 표시한다.

## 마라톤 전역

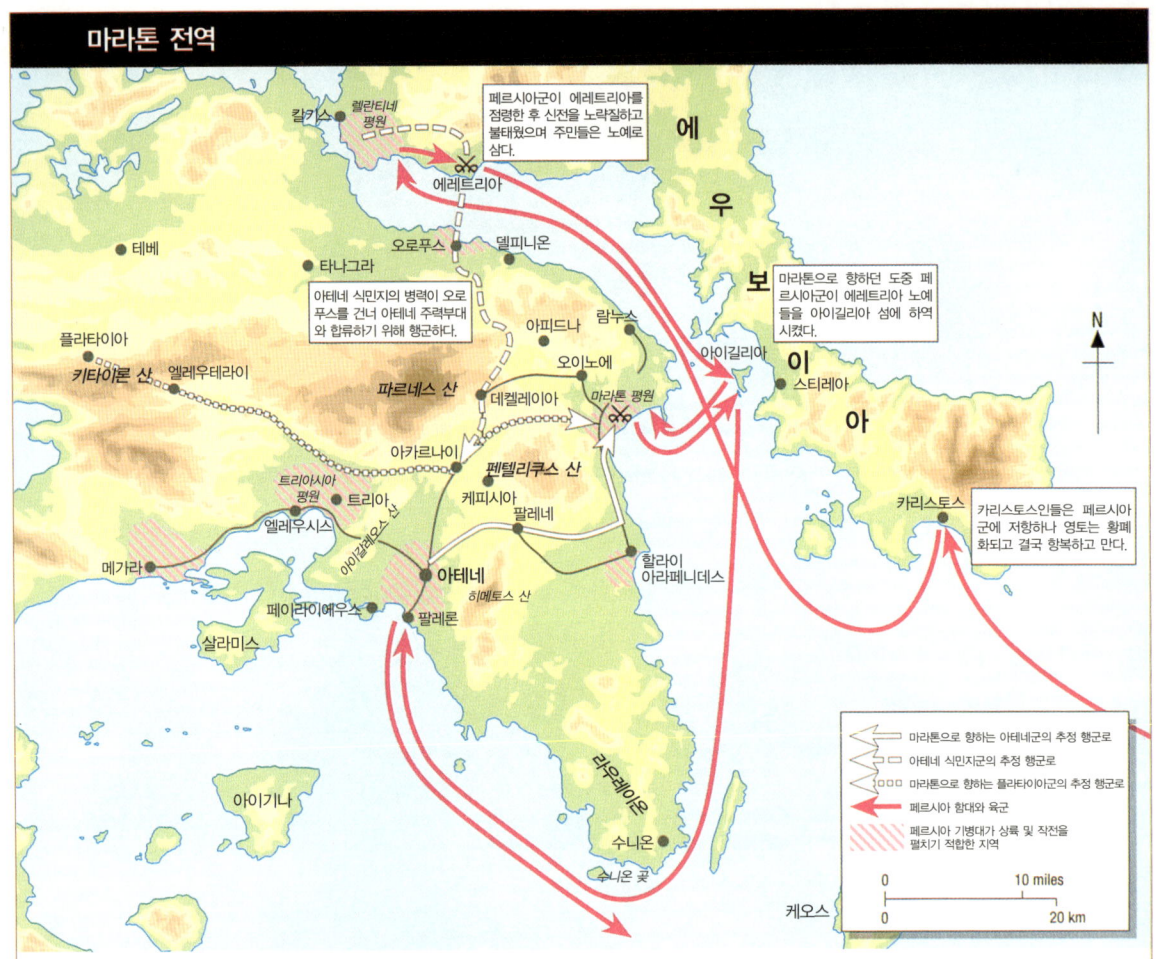

하여 권좌를 회복하게 될 것이고 모국에서 천수를 누릴 운명이었다(Hdt., 6.107). 마라톤으로 가는 길에 페르시아군은 노예로 삼았던 에레트리아인들을 아이길리아(Aigilia) 섬에 하선시켰는데 그 섬은 스티레아에 속해 있었다.

헤로도토스에 따르면, 페르시아 함대가 마라톤의 해안에 도착했을 때, 함선들에게 정박지를 지정하고 페르시아군을 상륙시켜 전투대열을 갖추게 한 사람이 바로 히피아스다. 페르시아의 군사 활동에 있어서 히피아스의 영향력은 분명 과장되어 있다. 무엇보다 헤로도토스가 이런 기록을 남겼을 때 그 출처가 될 수 있는 존재는 히피아스와 동행한 아테네인이 될

키노수라 곶이 손가락을 구부린 형상으로 바다를 향해 뻗어 있다. 이 사진에서 중간 지점에 있는 바위 언덕은 해수면 위로 92미터나 솟아 있다. 따라서 키노수라 곶은 대부분이 북동풍인 바람으로부터 마라톤 만을 완벽하게 보호한다.

수밖에 없다. 하지만 다티스는 아티카 지역에 대한 히피아스의 지식에 크게 의존했던 것만은 분명하다. 많은 역사학자들은 다티스가 마라톤에 상륙한 근거 중에는 아테네 주민들이 자신을 지지해 반란을 일으킬 것이라는 히피아스의 보장이 한몫을 했는데, 사실 반세기 전 그의 아버지가 똑같은 경험을 한 바도 있었다. 헤로도토스는 이에 대해서는 전혀 언급하지 않고 있다.

페르시아군의 마라톤 상륙을 지휘하던 도중 히피아스는 갑자기 발작적인 재채기와 기침을 일으켰다. 그는 이미 노쇠한 몸인데다 기침이 너무도 격렬해 이 하나가 빠져버렸다. 히피아스는 모래 속에서 열심히 이를 찾았으나 끝내 발견할 수 없었다. 절망에 빠진 채, 그는 이것으로 꿈에 의한 예언이 들어맞은 것으로 여겨 이렇게 외쳤다.

"이 땅은 우리의 것이 아니며 그렇다고 복종시키지도 못할 것이다. 이 땅은 나의 몫이었지만 내 이를 가져가버리고 말았기 때문이다."

그의 꿈에 대한 명확한 해몽과 그 결과를 이해하는 일은 현대의 독자들보다 히피아스 쪽이 더 잘했을 것이다.

페르시아군의 상륙, 특히 기병대의 상륙에는 많은 시간이 걸렸음이 틀림없다. 페르시아인들은 배를 뭍에 접안시키기보다는 만에 정박하는 쪽을 택했다(Hdt., 6.107.2). 배들을 여러 겹의 횡렬진으로 정박시킨다고 쳐도 척수가 600이나 되면 함선들은 스코이니아스(Schoinias) 해변을 따라 북동에서 남서쪽으로 길게 늘어설 수밖에 없다. 이 정도 규모의 거대 함대는 키노수라(Kynosoura) 곶으로 보호받는 북동 지역에 함께 모여 있기가 불가능했다.

해변의 북동쪽 끝에는 호수가 있었는데 이것이 스코이니아스 해변이 갖는 두 번째 주요 이점이었다. 이 호수를 통해 말에게 먹일 식수가 확보되었기 때문이다. 6세기 뒤에, 파우사니아스(1.32.7)는 이 지역에 전해오는 전설을 이렇게 기록했다. 호수 위쪽에 있는 바위에서 사람들은 아르타페르네스의 말들이 사용한 돌로 만든 여물통과 텐트의 흔적을 볼 수 있었다고 한다. 학자들은 말 1,000마리가 하루에 마시는 물의 양은 약 3만 리터에 달한다고 계산했다(Shrimpton, 31 n.23). 파우사니아스는 이 호수에서 시작된 강이 바다로 흘러 들어간다는 사실을 추가했다. 호수의 물은 인근의 소들이 마시기에 충분히 맑고 짜지도 않았으나 바다 인근의 강어귀에서는 소금기가 많아서 바닷물고기가 풍부하게 서식했다. 페르시아군은 스코이니아스 해변에 진영을 설치한 것으로 보인다(Van Der Veer, 298~299). 플루타르코스(Mor., 305B)는 페르시아군이 이곳에 막사를 세우고 지역민과 교전을 벌였다는 기록을 남겼다. 데모스테네스(Demosthenes, 59.94) 또한 페르시아군이 이 지역을 유린했다는 말을 남겼다.

## 아테네에 도착한 상륙 소식

페르시아군이 마라톤에 상륙했다는 소식이 아테네에 전해진 것은 아테네 음력으로 1년의 두 번째 달인 '메타게이트니온(Metageitnion: 현재 역법으로는 7월과 8월 사이—옮긴이)'의 여덟 번째 날이었던 것으로 보인다. 이 날짜는 아테네 전령인 필리피데스(Philippides)가 스파르타에 도착한 날짜로부터 역으로 추정한 것이다. 아테네인들은 아마도 페르시아군의 상륙 소식을 듣자마자 전령을 스파르타에 보냈을 가능성이 높다고 봐야 한다. 헤로도토스(6.105)는 전령을 보냈을 당시만 해도 아테네 장군들이 도시에 남아 있었다고 기록하고 있다.

네포스(Milt., 4.4)는 당시 상황에 대해 보다 구체적으로 기술하고 있다. 그의 말에 따르면 아테네인들은 먼저 밀티아데스를 포함한 10명의 스트라테고스들을 선발해 군을 이끌도록 했다. 그러나 이는 다소 왜곡된 면이 있다. 스트라테고스들은 아테네 음력으로 한 해가 시작되는 달이었던 그 전달 초에 이미 직무를 수행하고 있어야 하기 때문이다. 스트라테고스들은 수성전을 벌이며 때를 기다릴 것인지 아니면 성 밖으로 출정해 전투를 벌일 것인지를 놓고 토론을 벌였다. 아테네군이 최대한 빨리 출전해야 한다고 주장한 사람은 밀티아데스 한 명뿐이었다.

네포스의 기록에는 이렇게 기록되어 있다. 만일 그들이 밀티아데스의 전략을 채택한다면, "시민들은 장군들의 기백에 전혀 흔들림이 없다는 사실에 용기를 얻게 될 것이며, 똑같은 이유로 아테네인들이 이렇게 소규모 병력으로도 자신에게 도전할 수 있다는 사실을 깨닫는 순간, 페르시아인들은 반대로 군사 활동을 자제하게 될 것이다."

우리가 밀티아데스의 견해를 검토해봐야 한다면 아마 지금이 그 순간일 것이다. 저스틴(2.9)은 다음과 같이 기록했다. 밀티아데스는 아테네군은 주저해서는 안 되며 우리가 의존해야 할 대상은 "우리 자신의 신속한 행동이지 동맹국이 아니다"라는 생각을 가져야 한다고 말했다. 이러한 주

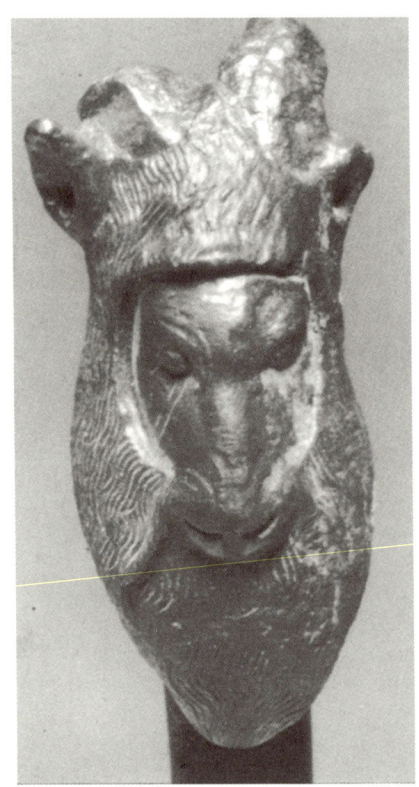

신의 사자(케리케이온)가 지니던 지팡이에 달려 있는 청동 조각으로 끝부분은 판(Pan) 신의 머리로 장식되어 있으며 아크로폴리스에서 발견되었다. BC 490년 필리피데스가 본 판 신의 모습을 재현한 작품일 가능성이 있다. 함페(Hampe, *Die Antike* 15, 1939, 172)는 지팡이 끝의 조각을 칼리마코스 기념비에 연결시키려고 했는데 그는 기념비 제일 위의 조각품이 이리스라고 주장했다. 사진의 파편은 단순히 훗날 만들어진 전령 지팡이의 일부이며 판 신의 머리 모양 장식은 신이 아테네의 전령을 도울 것이라는 사실을 증명하는 상징일 가능성도 있다.[독일 고고학 연구소 아테네 분원 NM 4073, 그림 : 막달레나 와크닉(Magdalena Wachnik)]

장을 펼친 뒤 밀티아데스는 '식량을 배급받는 즉시' 마라톤으로 출발하는 전략을 군사위원회의 결의사항으로 제의했으며, 데모스테네스(19.303)와 아리스토텔레스(*Rhet*., 3.10.7)가 그 사실을 기록해놓은 바와 같다.

아테네군이 즉시 마라톤으로 행군했는지 필리피데스가 돌아오기를 기다렸는지의 여부는 확실하지 않다. 저스틴(2.9)의 말에 따르면, 스파르타

BC 5세기 중반에 제작된 판 신의 청동상. 높이 9센티미터로 아르카디아의 루소이(Lusoi)에서 발견되었다. 판은 손으로 햇빛을 가린 채 먼 산을 바라보며 '음흉한 사피로스(Satyr)가 여자를 훔쳐보는' 자세를 취하고 있다. (베를린 국립 미술관, Misc. 8624, 사진: 슈타인코프Steinkopf)

인들이 종교적 금기로 인해 출발을 4일간 쉬고 연기할 것이라는 사실을 전해듣고 나서 아테네인들이 출정했다고 한다. 만일 필리피데스가 메타게이트니온의 9일 날 스파르타에 도착했다가 10일에 아테네로 복귀해 스파르타인들이 15일이나 되어서야 비로소 출발할 수 있다고 보고했다면, 실제로 스파르타가 움직일 수 없는 기간을 4일로 설정할 수 있다. 따라서 아테네인들은 메타케이트니온의 10일 또는 11일에 마라톤으로 행군을 시작했을 수도 있다.

아무리 사소한 경우라도 일단 출정을 하게 되면 그 전에 아르테미스 여신에게 염소를 제물로 바치는 관습은 그리스에서 일종의 표준절차였다. 마라톤 전투가 있기 전에도 적군을 한 명 살해할 때마다 매년 한 마리의 염소를 바치겠다는 맹세가 이루어졌다. 크세노폰(*An*., 3.2.12)은 그런 맹세를 한 사람이 '아테네인들'이었다고 전한다. 전투가 끝난 후, 아테네인들은 자신들이 죽인 적군의 수에 맞출 수 있을 정도로 많은 염소를 구할 수 없었기 때문에 대신 500마리의 염소만 제물로 바쳤다. 그렇다고 해서 이것을 아테네 시민 전체가 맹세에 참여했다는 의미로 간주할 수 있을까? 물론 그렇지는 않을 것이다. 아리스토파네스(Aristophanes: 고대 그리스의 희극 작가—옮긴이)의 『기사(*Knights*)』(657)에 나오는 한 고대 논평자는 칼리마코스가 죽인 적군의 수만큼 황소를 아르테미스 여신에게 바치겠다고 맹세했다는 내용을 전한다. 그러나 살해된 적군의 수가 너무도 많아서 그만큼의 황소를 구할 수 없었기 때문에 그 대신 염소를 죽였다는 것이다. 칼리마코스는 폴레마르크로서 군대의 종교적인 의식을 주관하는 의무도 갖고 있었기 때문에 그가 아테네인들을 대신해 맹세를 했다고 보는 편이 타당하다. 아엘리아누스(*VH* 2.25)는 밀티아데스가 맹세를 했으며, 제물을 바치는 의식이 타르겔리온(Thargelion: 오늘날 역법으로 4월과 5월 사이—옮긴이) 달의 6일에 행해졌다고 기록하는 실수를 범했다. 실제 아르테미스 여신에 대한 제사의식은 전투가 있던 메타게이트니온 달의 다음 달인 보이드로미온(Boedromion: 오늘날 역법으로 8월과 9월 사이)의 달 6일에 거행되었다. 플루타르코스는 마라톤 전투 일자를 적어도 3회에 걸쳐 보이드로미온 달의 6일로 잘못 적었는데 아마도 아르테미스 여신에 대한 제사의식과 혼동했던 것으로 보인다(*Mor*. 349F, 861E; *Cam*. 19).

## 스파르타를 향한 전령의 질주

스파르타로 파견된 전령의 이름은 대개 페이디피데스(Pheidippides)로 알려져 있으나(Badian) 헤로도토스와 플루타르코스(*Mor*., 862A)는 필리피데스로 기록하고 있다. 필리피데스는 아테네 시민이자 '종일주자(day-runner)'라는 직업을 가지고 있었다. 종일주자란 소식을 전하기 위해 하루 종일 달릴 수 있는 파발꾼을 의미했다. 헤로도토스(6.106)는 필리피데스가 스파르타에 도착한 시기를 그가 아테네를 출발한 바로 다음 날이며 그 동안에 240킬로미터의 거리를 주파했다고 기록했다. 필리피데스는 스파르타의 지배자들에게 지원을 요청하는 아테네의 서신을 전달했다.

하지만 스파르타의 지배자들은 당시 시기가 그리스 음력으로 한 해의 두 번째 달의 9일이어서 보름달이 뜨는 15일까지 기다려야만 병력을 움직일 수 있다고 대답했다. 스파르타가 아닌 다른 도리아 국가들(Dorian: BC 12세기 무렵에 그리스 반도로 남하해 스파르타와 코린트 등의 도시국가를 건설한 민족—옮긴이) 중 로도스와 같이 달력이 보다 잘 보존되어 있는 국가들의 경우, 음력으로 한 해의 두 번째 달이 늦여름에 시작되며 그것을 카르네이오스(Karneios)라고 불렀다. 이 달에 카르네이아 제전이 열렸기 때문이다. 따라서 스파르타인들은 매달 초반 15일 동안 전쟁을 금했다기보다 카르네이아 제전이 거행되는 기간, 즉 매년 두 번째 달에서 초승달이 뜨는 기간

동안에만 전쟁을 금지했던 것으로 보인다.

플라톤(*Laws* 3, 692D, 698E)은 스파르타가 출병을 지체할 수밖에 없었던 다른 이유를 제시했다. 그의 기록에 따르면 스파르타는 마라톤 전장에 하루 늦게 합류하는데, 이는 당시 그들이 이미 메세니아(Messenia: 스파르타의 지배 하에 있는 펠로폰네소스 반도 남서부의 지방―옮긴이)인들과 전쟁상태에 있었기 때문에 지원군의 파병이 곤란한 처지였다는 것이다. 플라톤의 이와 같은 주장은 별도의 화폐를 사용했던 흔적과 금석학적 증거에 의해 뒷받침되고 있다(Wallace, 32~35).

필리피데스는 스파르타의 답신을 가지고 그 즉시 아테네로 돌아왔다. 그는 돌아오는 길에 테게아(Tegea) 위쪽의 파르테니온(Parthenion) 산을 통과하고 있을 때 판(Pan: 그리스 신화에 나오는 목신―옮긴이) 신을 만났다고 말했다. 판이 그의 이름인 '필리피데스'를 부른 다음 자신의 뜻을 아테네인들에게 전하라고 했다는 것이다.

"그대들은 어찌해 판에게는 관심을 보여주지 않는 것인가? 아테네 사람들의 좋은 친구이며 과거에는 그대들을 도왔는데 앞으로는 그러지 않을 거란 말인가?"

헤로도토스가 제시한 일련의 사건에서는 필리피데스가 스파르타로 가는 길에 신을 보았다고 하는 내용을 포함하고 있으나 현재 대부분의 학자들은 그가 아테네로 돌아오는 길에 벌어진 일로 간주하고 있다. 그러나 그것은 지나친 피로와 임무 실패를 보상해야 한다는 정신적인 욕구로 인해 그가 환상을 본 것이라는 설이 가장 그럴듯한 설명이다(Garland, 50). 헤로도토스(6.105)는 아테네인들이 필리피데스의 말을 믿었다고 전하면서 자신은 믿지 않았음을 은근히 암시하고 있다. 플루타르코스(*Mor.*, 862B)는 아테네의 역사가 디일루스(Diyllus)의 기록을 언급했는데, 그에 따르면 아니토스(Anytos)의 제안으로 아테네인들이 필리피데스에게 10탈란트의 상금을 제공함으로써 그의 공적을 치하했다고 한다.

**스파르타의 민선장관들 앞에 선 필리피데스**

헤로도토스는 그리스 음력 두 번째 달, 아홉 번째 날에 필리피데스가 스파르타의 아르콘, 즉 집정관들 앞에서 원조를 요청했다고 전하고 있다. 여기에서 그가 말하는 아르콘들은 다섯 명의 '에포르(Ephor)'들, 즉 감독관을 의미하는 것으로 보이며 매년 선거로 정해지는 이들 민선장관들은 두 명이던 스파르타의 왕보다도 권위가 높았다. 필리피데스가 에포르들에게 페르시아에 대항하기 위해 스파르타의 원조를 요청했을 때, 그들은 스파르타 군대가 종교 축제 때문에 보름달이 뜨는 15일 이전에는 출병할 수 없다고 답했다. 그들은 스파르타가 아테네를 즉시 지원하지 못하는 진짜 이유를 필리피데스에게 밝히지는 않았다. 스파르타는 메세니아의 반란을 진압하고 있는 중이었던 것이다.

필리피데스는 자신의 직책을 나타내는 상징물 중 가장 확실한 표시인 청동 케리케이온(1), 즉 전령의 지팡이를 제시했다. 전형적인 전령의 지팡이는 끝에 두 개의 뱀 머리로 장식되어 있는데, 그림에도 그것이 잘 드러나고 있다. 신의 전령인 헤르메스와 달리 그리스 전령의 상징물들은 대단히 드물다. 그림 속에 묘사된 또 다른 세부적 사항들은 아가멤논(Agamemnon)의 전령, 탈티비오스(Talthybios)에 대한 묘사에 근거를 두고 있으며 탈티비오스의 모습은 루브르에 소장되어 있는 '항아리(stamnos, G 146)'의 문양에 등장한다[N. Sekunda, *Greek Hoplite*, Warrior 27 (Osprey 2000), 32]. 필리피데스는 여행자의 펠트 모자(2)를 쓰고 있는데, 동시대의 예술 작품 속에서 헤르메스가 일반적으로 쓰고 있던 모자와 형태가 같다. 어떤 의미에서 이런 모자 또한 전령이 헤르메스의 보호 아래 있었음을 상징한다고 볼 수도 있다. 모자는 천연 펠트의 중간 갈색으로 보이나 다른 색으로 염색되어 있을 수도 있다. 대단히 정교한 부츠(3) 또한 탈티비오스의 그림을 복제한 것인데 이것이 그리스 전령들의 전형적인 신발인지 아니면 그 항아리에 그림을 넣었던 사람의 개인적인 취향인지는 알 수 없다.

민선장관들은 그들의 의복과 아르카이크 양식의 머리 모양(4)을 통해 알 수 있듯이 '스파르타 전사계급(Spartiate)'의 일원이다. 그들은 긴 머리 스타일을 고수하고 있는데 그리스의 다른 지역 귀족사회에서는 이미 오래전 사라진 양식이다. 머리는 길게 묶은 뒤 머리채를 등 뒤로 모았는데 가끔은 두 가닥의 머리채를 앞으로 흘러내리게 놔두기도 했다. 얇은 라케다이몬 양식의 망토[트리본(tribon)]가 그들의 몸을 단단하게 감싸고 있는데 여름이든 겨울이든 한결같이 이것만을 착용함으로써 전사계급 스파르타인들은 자신이 얼마나 추위에 강한지를 과시했다(5). 고대 문서들에 따르면 트리본이 심홍색으로 염색되어 있다고 하는데, 그 색깔은 고대 그리스인들 사이에서 전사라는 의미를 내포하고 있다. 반면 또 다른 문헌에서는 붉은색의(심홍색이 아닌) 바닥이 한 겹으로 된 스파르타 신발을 언급하고 있는데, 아테네의 소포클레스(Sophokles)와 같은 스파르타 지지자들이 그것을 신었다고 한다. 민선장관들이 신은 신발들(6)은 바티칸에 있는 소포클레스 조각상을 참조했다. 전사계급이 착용했던 마지막 '상징'은 그들이 들고 있는 'T자형' 지팡이(7)[박테리온(bakterion)]다. 지팡이의 위쪽 끝은 T자 모양으로 가로대가 달려 있고 표면이 매끄러워 사용자가 지팡이에 몸을 기댈 수도 있었다. 배경으로는 여기저기 흩어져 있는 마을들이 보이는데 고대 스파르타는 그런 마을 단위로 나뉘어 있었다. 이 그림은 아미클라이온(Amyklaion) 신전 언덕에서 내려다본 전경이다.(그림: 리처드 후크)

## :: 아테네군의 마라톤 행군

알렉산드리아의 클레멘트(Clement)에 따르면(*Stromata*, 162,2), 밀티아데스는 마라톤에 이르기까지 아테네군을 '밤에 길도 없는 곳'을 통해 이끌었다고 하나 길이 없는 곳을 통과했다는 사실은 진실로 보기 어렵다. 어떤 군대가 아테네에서 마라톤까지 이동하는 데 취할 수 있는 경로는 두 가지가 있었다. 주로 사용되는 통로는 팔레네(Pallene) 마을을 관통해 펜텔리코스(Pentelikos) 산의 언저리를 돌아 북동쪽으로 이동하면 남동쪽으로부터 마라톤 평원에 진입하게 된다. 두 번째 길은 잘 사용하지 않는 노선으로 아테네의 북쪽 행정구역인 케피시아(Kephisia)를 지나 북서쪽으로 펜텔리코스 산의 언저리를 따라가다가 브라나(Vrana)에서 서쪽으로 마라톤 평원을 향해 내려가는 길이다. 비록 이 길이 더 험하고 가파르지만 거리상으로는 좀더 가깝다.

베르톨트(Berthold, 1976/1977)는 아테네인들이 팔레네를 관통하는 보다 긴 루트를 선택한 이유를 구체적으로 설명했다. 케피스타 경로는 비록 거리상으로는 더 짧지만 많은 인원이 이동할 경우에는 오히려 시간이 더 많이 걸렸을 것이다(Burn, 1977, 91). 또한 팔레네 경로는 페르시아군이 아테네 내륙으로 진출하려고 시도할 경우 그들이 택하게 될 가능성이 높은 경로이기도 했는데 왜냐하면 기병대가 지나갈 수 있는 유일한 통로였기 때문이다. 아테네군은 페르시아군이 자신들 옆을 지나쳐 아테네에 입성하게 놔둘 수는 없었다.

헤로도토스(6.108)는 아테네 군대가 마라톤의 헤라클레이온(Herakleion)에 진지를 구축했다고 전한다. 이곳에서 플라타이아인들이 합류해 왔는데 그들이 마라톤에 오기 위해 선택한 이동로는 아테네군의 경우와 마찬가지로 확실하지 않다. 키타이론(Kithairon) 산을 가로질러 엘레우테르나이(Eleuthernai)에 도착한 후 아티카 내륙의 도로망을 따라 아카르나이(Acharnai)에 도달했을 것이다. 그 다음부터는 그들 또한 팔레네 경로를 지

7. 페르시아 측의 병력이 생각보다 많지 않다는 것이 확인되자 아테네인들은 도전을 받아들인다. 그들은 페르시아군으로부터 8스타데스(stades: 1,500미터) 거리를 둔 위치에 8열 횡대로 진형을 형성했다. 중앙을 구성하는 두 개의 부족연대, 안티오키스와 레온티스는 진형의 종심을 4열로 줄이는 대신 병력을 옆으로 길게 늘여 아테네군 전열의 길이를 페르시아군의 그것과 대등하게 만드는 역할을 담당했다.

5. 아테네인들이 헤라클레이온에 야영지를 설치한 후, 동맹국 플라타이아 부대가 도착해 아테네군과 합류했다. 플라타이아인들의 행로는 알려져 있지 않다. 여기서는 그들이 북쪽으로부터 오이노에에 이르는 길을 이용한 것으로 가정했지만 어쩌면 아카르나이로부터 펜텔리쿠스 산을 통과하는 보다 작은 길을 통해서 마라톤 평원의 서쪽으로 진입했을 수도 있다.

4. 헤라클레이온 안의 아테네군 야영지. 이곳의 성스러운 숲과 주변을 둘러싸고 있는 나무숲이 페르시아 기병대의 습격으로부터 아테네군을 보호했다.

3. 9월 3일 혹은 4일. 아테네군이 팔레네를 통과한 뒤 해변 길을 따라 북쪽으로 행군해 마라톤 평원에 도착했다. 그들은 아그리엘리키 산과 브렉시자 습지 사이에 있는 '게이트(Gate)'를 통해 서남쪽에서부터 평원에 진입했다.

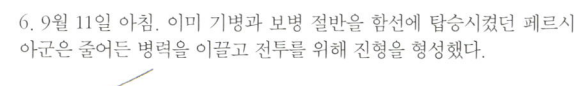

6. 9월 11일 아침. 이미 기병과 보병 절반을 함선에 탑승시켰던 페르시아군은 줄어든 병력을 이끌고 전투를 위해 진형을 형성했다.

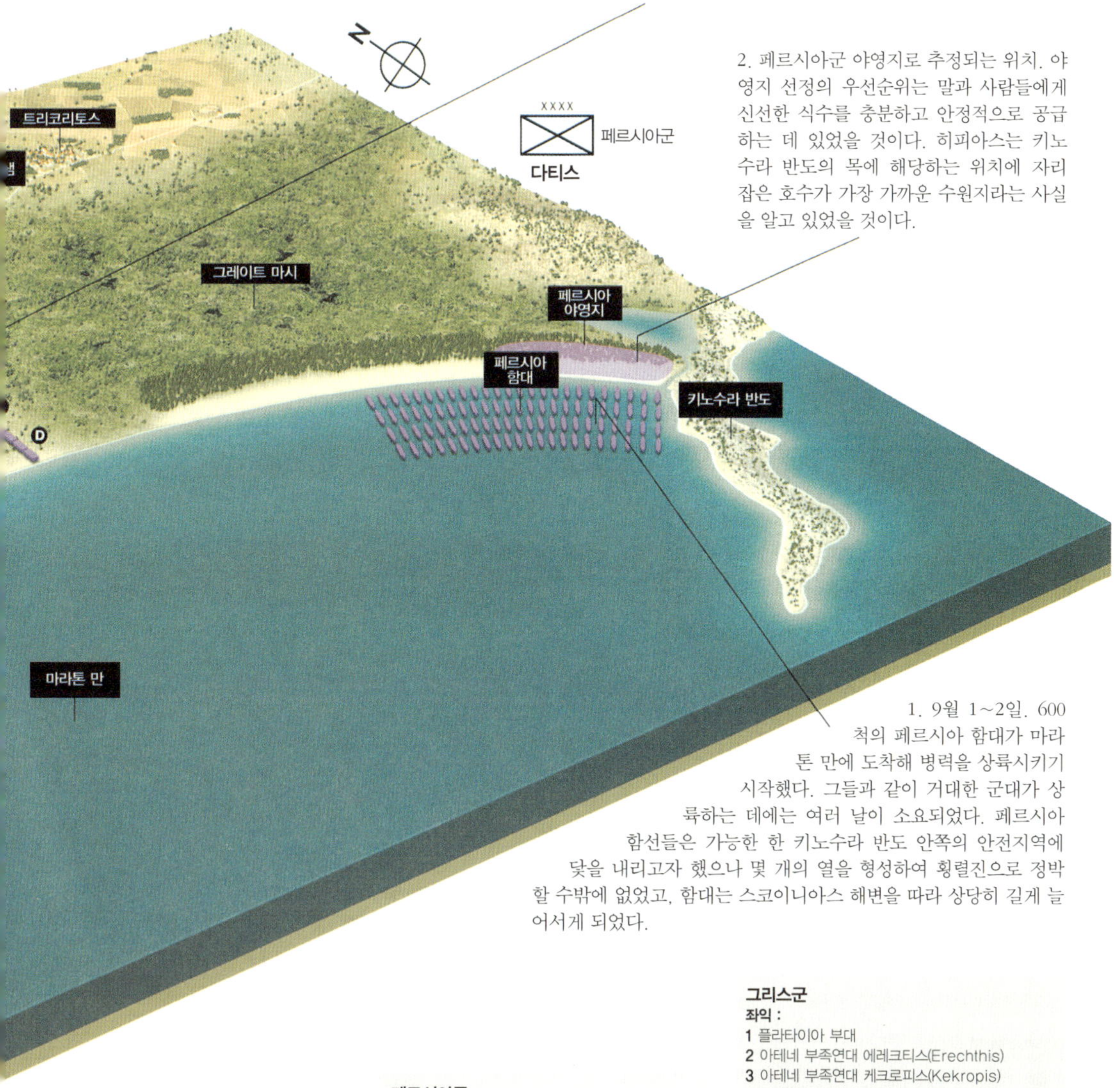

2. 페르시아군 야영지로 추정되는 위치. 야영지 선정의 우선순위는 말과 사람들에게 신선한 식수를 충분하고 안정적으로 공급하는 데 있었을 것이다. 히피아스는 키노수라 반도의 목에 해당하는 위치에 자리잡은 호수가 가장 가까운 수원지라는 사실을 알고 있었을 것이다.

1. 9월 1~2일. 600척의 페르시아 함대가 마라톤 만에 도착해 병력을 상륙시키기 시작했다. 그들과 같이 거대한 군대가 상륙하는 데에는 여러 날이 소요되었다. 페르시아 함선들은 가능한 한 키노수라 반도 안쪽의 안전지역에 닻을 내리고자 했으나 몇 개의 열을 형성하여 횡렬진으로 정박할 수밖에 없었고, 함대는 스코이니아스 해변을 따라 상당히 길게 늘어서게 되었다.

**페르시아군**
우익 :
A 각각 1,000명의 병력으로 구성된 다섯 개 천인대(하자라밤)

중앙 :
B 사카이인 천인대(하자라밤)
C 페르시아인 천인대(하자라밤)

좌익 :
D 각각 1,000명의 병력으로 구성된 다섯 개 천인대(하자라밤)

**그리스군**
좌익 :
1 플라타이아 부대
2 아테네 부족연대 에레크티스(Erechthis)
3 아테네 부족연대 케크로피스(Kekropis)
4 아테네 부족연대 아이게이스(Aigeis)?
5 아테네 부족연대 판디오니스(Pandionis)

중앙 :
6 아테네 부족연대 레온티스(Leontis)(신장대형)
7 아테네 부족연대 안티오키스(Antiochis)(신장대형)

우익 :
8 아테네 부족연대 오이네이스(Oineis)
9 아테네 부족연대 히포톤티스(Hippothontis)
10 아테네 부족연대 아카만티스(Akamantis)
11 아테네 부족연대 아이안티스(Aiantis)

## 마라톤 전투

BC 490년 9월 1~11일, 남서쪽에서 본 광경으로, 마라톤 평원의 페르시아와 그리스의 병력배치 상황을 보여준다.

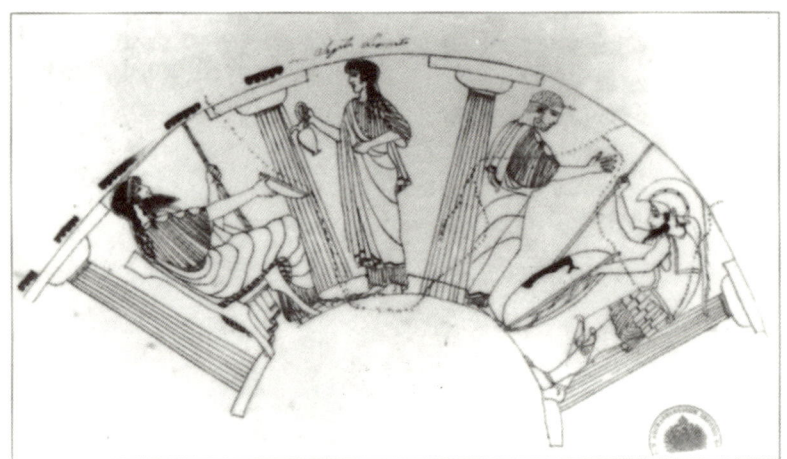

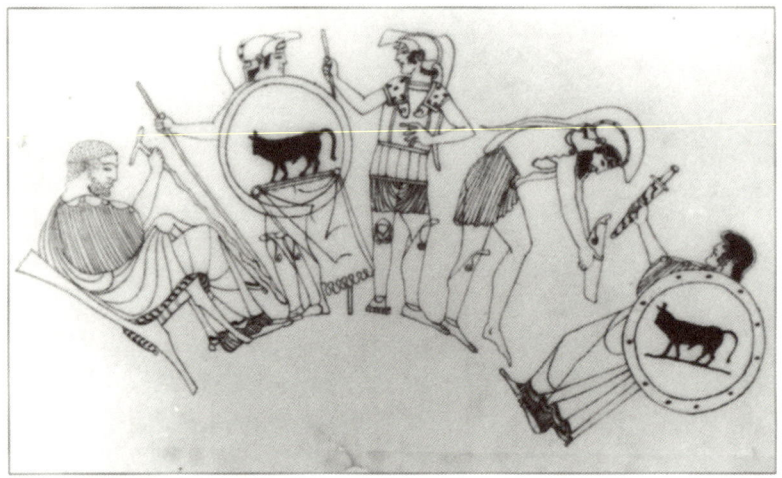 

옥스퍼드 브리고스 컵을 만든 화가가 제작한 또 다른 컵으로 이것은 한때 로마의 예술품 거래시장에 나왔었지만 현재는 분실되어 그림상으로만 존재한다. 마라톤 전투 직후에 제작된 것으로, 그림은 분명 아테네인 일가족의 모습을 보여주고 있다. 그들은 마라톤 전투 참전용사인데 마라톤 황소(Marathonian Bull: 그리스 신화 속의 황소—옮긴이)가 그려진 방패 문양을 통해 그 사실을 확인할 수 있으며 출정을 준비하는 중이다. 위 그림에서는 병사의 아내로 보이는 여성이 앉아 있는 제우스를 묘사한 인물상에 포도주를 붓고 있으며, 제우스 상의 시선은 할아버지를 바라보고 있다. 수염을 기르고 아침 햇살에 빛나는 머리카락을 가진 할아버지는 아들과 작별인사를 하는 중이다. 아래 왼쪽 그림에서는 할아버지가 첫째와 둘째 손자의 무기를 바라보고 있으며 며느리는 자신의 남편에게 검을 건네고 있다. 아래 오른쪽 그림은 막내 손자(전쟁에 나가기에는 너무 어린 경우)와 함께 뒤에 남은 할아버지의 모습(전쟁에 나가기에는 너무 나이가 많은 경우)을 표현하려는 의도로 제작되었을 것이다.(독일 고고학 연구소 로마 분원 neg 75. 1682~1684)

났을 가능성도 있다. 다른 방법으로, 데켈레이아(Dekeleia)로 향하는 길을 선택해 서쪽에서 마라톤 평원에 진입했을 가능성도 있으며, 심지어는 아피드나를 통해 북서쪽으로부터 접근했을 가능성도 배제할 수 없다.

## 장군들의 논쟁

전해오는 역사적 이야기에 따르면, 군대가 마라톤에 도착한 후 아테네의 장군들 사이에서 논쟁이 벌어졌다. 헤로도토스(6.109)는 페르시아군을 상대로 승리를 쟁취하기에는 아테네군의 병력이 너무 열세라고 생각한 스트라테고이의 절반이 전투를 원하지 않았다고 기록했다. 『수이다스』(Hippias 2)는 장군들이 스파르타의 합류를 기다리고 싶어했다고 전한다. 반면, 밀티아데스가 주동적 역할을 했던 나머지 5명은 전투를 원했다. 많은 역사학자들은 논쟁에 대한 헤로도토스의 기록에 잘못된 부분이 있다고 지적하고 있다. 논쟁이 있었던 시기가 마라톤에 도착한 다음이 아니라 아테네를 출발하기 전이라는 것이 그들의 주장이다. 하지만 만일 헤로도토스가 정확하다면 틀림없이 무슨 일이 벌어져 장군들로 하여금 전투에 대한 생각을 재고하게 만들었음이 분명하다.

디오도루스(10.27)는 다티스가 아테네군에 마지막으로 투항을 권고하는 전령을 보냈고 그 시기가 에레트리아의 함락 다음이라고 기록했다. 전투가 벌어지기 바로 전날 밤이 가장 적절한 시기였을 것이다. 다티스는 아테네에게 영토를 빼앗기고 아시아로 이동한 메디아(Media) 왕국의 건국자, 메도스(Medos)에 관한 신화를 통해 정당성을 주장했다. 다티스는 메도스가 자신의 가장 윗조상이라는 점을 들어 선조들의 주권을 되찾으러 왔다고 말했다. 그리고 만일 아테네가 항복을 한다면 정당한 권리를 찾으려는 자신에게 적대행위 의사를 보였다는 사실이나 사르디스를 약탈한 죄를 용서하겠지만, 그렇지 않는다면 에레트리아와 같은 길을 걷게 될 것이라고 경고했다. 아마 이러한 대화가 오가는 가운데 훗날 플라톤에 의해 기

마라톤 전투 이후 주조된 아테네의 4드라크마(tetradrachma) 은화. 아테네의 헬멧에 올리브 잎사귀를 추가로 새겨 넣어서 마라톤 전투의 승리를 기념하고 있다. 이 올리브 잎사귀는 이후 2세기 반 동안 은화의 디자인에 사용되었으며 사진 속의 은화는 그리스에서 가장 유명한 주화 중 하나가 되었다. 은화 뒤편에는 'AOE'(아테네를 위한)라는 글자와 아테네 여신의 상징인 올빼미가 자리 잡고 있다. 올빼미의 머리 왼쪽에 간신히 보이는 희미한 달은 아르테미스 여신을 의미하는 것으로 해석되고 있으나 아직 논란의 여지가 많다.(토툰 지방 박물관)

록으로 남게 된 다티스의 에레트리아 투망 작전에 대한 이야기가 퍼지게 되었을 것이다.

라우비체크(Raubitschek, 1957)는 아리스토파네스의 『평화(Peace)』 291번째 줄에 있는 "다티스의 옛 시가(詩歌) …… 내가 얼마나 기쁘고 득의만면한지 모를 것이다"라는 내용은 다티스가 아테네인들에게 전달했던 투항권고문의 전문(前文)을 패러디한 것이라는 가설을 내놓았다.

만일 투항권고가 역사적으로 사실이라면, 이는 다티스가 처음 받았던 명령이 어떤 경우든 에레트리아인들과 아테네인들을 무조건 노예로 삼으라는 것이 아니라 투항하지 않을 경우에만 그렇게 하라는 것이었음을 의미한다.

전투에 반대한 장군들의 집단은 주동자가 아리스테이데스(Aristeides)

라우비체크(1957)는 부서진 도편을 복원해 '다티스의 형제, 아리스테이데스'라고 읽었는데, 이는 아리스테이데스가 페르시아에게 협력했다고 믿는 아테네인들이 존재했음을 암시한다. 하지만 다른 도편들도 복원이 되어 있으며 심지어는 이 도편에서 복원된 이름이 아리스테이데스가 맞는지도 확실하지 않다.(미국 고전연구학회 아테네 지부, 아고라 유물, P 9945)

였을 가능성이 있다. 그로부터 몇 년 후 그는 도편추방을 당해 아테네를 떠나게 된다. 그에게 반대하는 사람들이 던진 몇몇 '도편(ostraca)'에는 "반역자"라고 적혀 있었다. 폴레마르크로서 아피드나의 칼리마코스가 최종 결정권을 갖고 있었다. 헤로도토스는 밀티아데스가 다음과 같은 감동적 연설로 칼리마코스를 설득했다고 전한다.

"칼리마코스여, 아테네인들이 노예가 될지 아니면 계속 자유민으로 남을지는 오로지 당신의 손에 달려 있습니다. 따라서 당신의 선택은 전 인류의 가장 기념비적인 업적으로 남게 될 것입니다. 하르모디오스와 아리스토게이톤조차 당신에게 미칠 수 없습니다. 왜냐하면 우리가 아테네의 국민으로 존재한 이래로 이렇게 커다란 위기는 단 한 번도 없었기 때문입니다. 만일 우리가 메데스인에게 굴복한다면, 우리의 운명이 히피아스에게 넘어간 뒤에 겪게 될 심각한 사태를 결정하는 것입니다. 하지만 우리가 이 역경을 헤쳐나가는 데 성공한다면, 우리는 모든 그리스 도시국가 중 최고의 국가가 될 것입니다. 그러면 어떻게 이 역경을 헤쳐나갈 수 있으며 어째서 그것이 당신의 손에 달려 있는지를 지금부터 설명해보겠습니다.

우리 스트라테고스들은 전부 10명인데 의견은 완전히 양분된 상태입니다. 한쪽은 페르시아와 교전을 벌여야 한다고 주장하고, 다른 한쪽은 거기에 반대하고 있습니다. 만일 교전을 피하게 되면, 제가 보기에 우리들 사이에서 발생한 커다란 의견 대립으로 인해 아테네인 전체가 동요하게 되고, 결국 그들은 차라리 메데스인들의 속국이 되는 편이 낫겠다는 생각까지 하게 될 것입니다. 하지만 독버섯 같은 이런 생각들이 일부 아테네인들에게 전염되기 전에 싸우기로 결정을 내린다면, 우리는 승리할 것입니다. 신이 우리를 공정하게 대해 주신다면 분명 그렇게 될 것입니다. 따라서 이 모든 일들이 당신의 권한에 속하며 전적으로 당신에 의해서 결정될 것입니다. 만일 당신이 나의 의견을 지지한다면 우리의 국가는 자유를 지킬 것이고 그리스 최고의 도시가 될 것입니다. 만약 전투에 등을 돌리는 자의 편에 선다면 내가 말한 긍정적인 경우와 정확하게 반대되는 상황이 당신의 눈앞에서 펼쳐지게 될 것입니다."

이를 밀티아데스의 실제 연설로 보기는 어렵다. 그는 스트라테고스가 10명이라는 사실을 칼리코마스에게 상기시키는 내용을 굳이 언급하지는 않았을 것이다. 그 내용은 아마도 헤로도토스가 독자의 이해를 돕기 위해 추가한 내용일 것이다. 칼리마코스는 물론 전투에 임하는 쪽으로 결정을 내렸다. 디오도루스(10.27)의 기록에 따르면 밀티아데스는 '10명의 장군들이 내린 결정을 선언' 하고 페르시아 사절단에게 직접 응답을 전했다. 그는 다티스가 언급한 메데스 건국 신화를 보더라도 다티스가 아테네에 대한 지배권을 갖는 것보다 아테네인들이 메디아에 대한 지배권을 갖는 것이 더 적법하다고 말했다. 왜냐하면 메데스 왕국을 건설한 사람이 아테네 출신이지만 메디아 혈통의 사람들 중 그 누구도 아테네를 지배한 적이 없었기 때문이다.

## :: 전장

전투 장면에 대한 어떤 기술도 BC 490년 9월의 전쟁터 모습을 제대로 복원하고 그것을 기초로 해서 이루어져야 한다. 고대 지형에 대한 우리의 지식이 계속 발전하고 있다는 말은 이전에 이루어졌던 복원들 중 상당 부분이 더 이상 유효하지 않다는 뜻이기도 하다. 앞으로 전개될 이야기 속에서 저자는 이제까지 확인된 지형 정보들을 요약해보고자 한다. 이 책에 사용된 지도는 개인적인 해석을 토대로 작성되었다.

페트라코스(Petrakos, 2)는 마라톤이라는 평원의 이름이 '마라토(maratho)'라는 이름의 야생 회향(fennel)에서 유래되었다고 하는데, 이 식물은 당시는 물론 오늘날까지도 평원에서 번성하고 있다. 그것은 2,500년 동안 꾸준히 유지되어온 마라톤 평원의 유일한 특징이다. 오늘날에는 고대의 마라톤 촌락이 정확히 어디에 있었는지조차 확실하지 않다. 마라톤 평원은 최근 2세기 동안에 가장 큰 변화를 겪었다. 아테네 도시가 성장을 거듭하면서 마라톤 평원은 과수원과 채소밭으로 변한 것이다. 이곳은 수목을 따라서 형성된 경계선 사이에 지하수를 통해 관개가 이루어졌으며, 남아시아 출신 노동자들이 재배하는 야채 작물들이 무성하게 자라고 있다. 20세기 초의 사진들만 봐도 이 평원에는 약간의 올리브와 수목들만이 자라고 있었을 뿐이고, 수목 사이로 작물들이 재배되고 있었더라도 그다지 많지 않았다.

우리는 19세기가 시작될 무렵 마라톤 평원이 어떤 모습을 하고 있었는

브라나의 마라톤 박물관으로 이어지는 도로에서 바라본 아기오스 데메트리오스(Agios Demetrios) 교회. 1926년부터 1940년까지 마라톤 평원에 대한 광범위한 현장 조사를 수행했던 소테리아데스는 이곳에서 헤라클레이온의 흔적을 발견했다고 생각했다. 아그리엘리키 산의 경사면이 배경을 형성하고 있다.

지 상당히 자세히 알고 있는데, 이는 나폴레옹 전쟁 시기에 지리 정보를 수집한 영국 정보원 리크(Leake) 대령 덕분이다. 1802년부터 여러 차례 마라톤 평원을 답사한 리크 대령은 평원의 모습을 다음과 같이 묘사했다 (Grote, 273 n.1).

"이곳에는 다소간의 옥수수가 경작되고 있으며 아티카 지역에서 가장 비옥한 지역으로 다만 평원을 가로지르는 두 개의 급류에 의해 가끔 홍수가 일어나는 불편함이 있을 뿐이다. …… 마라톤 전투의 전후사정을 고려하면 우리는 오래전부터 오늘날과 마찬가지로 이곳에 나무가 별로 없었다고 생각하게 된다."

리크 대령의 기술에 대한 정확성에는 의심의 여지가 없다. 고대의 평

원은 곡류가 부분적으로 경작되었을 뿐 대부분 목초지로 남아 있었던 것으로 보인다. 아리스토파네스(Birds, 245~246)는 마라톤의 아름다운 목초지를 언급한 바 있다. 에드워드 도드웰(Edward Dodwell)은 19세기 초 마라톤을 방문하고 6월 말 평원의 미개간 지역에 방목된 소들에 대한 기록을 남겼다. 실제로 마라톤의 상징은 마라톤 황소로 '테트라폴리스(Tetrapolis: 마라톤 평원의 네 개 촌락)'를 공포에 떨게 했지만 아테네의 영웅 테세우스(Theseus)가 그를 길들여 아폴론 신에게 제물로 바쳤다(Plut., Thes., 14.1).

전장을 파악하는 데 가장 핵심이 되는 요소는 헤라클레이온의 위치다. 조지 소테리아데스(George Soteriades) 교수는 헤라클레이온이 브라나에 있는 아기오스 기오르기오스(Agios Giorgios) 교회 가까이에 있었을 것이라고 생각했다. 1933년 그는 이 지역의 아테나 신전에서 글귀가 새겨진

마라톤 평원의 남서쪽 입구에 아그리엘리키 산이 해안을 향해 뻗어나가면서 (이 사진에서처럼) 산과 브렉시자 습지 (사진 촬영자의 뒤에 있다) 사이로 좁은 길만 남겨두었다. 이것은 '게이트'의 헤라클레스 신전이 있었던 장소이자 아테네군의 야영지이기도 하다.

경계석과 함께 프로발린토스(Probalinthos)의 테오게네스(Theogenes)가 봉납한 문구가 발견되었음을 보고했다(Vanderpool, 1966). 이러한 발견 덕분에 고대 도시 프로발린토스가 아마도 아테나 신전과 함께 이곳에 있었음이 밝혀졌고 그 신전이 아테나 헬로티스(Athena Hellotis)였을 가능성이 제기되었다(Hammond, 1968, 24).

그 뒤에 발라리아(Valaria) 지역에서 발견된 두 개의 명판은 헤라클레스를 숭배하는 내용이 기록되어 있었고, 이것을 근거로 유진 밴더풀(Eugene Vanderpool, 1966)은 헤라클레이온이 이곳에 있었다고 했다. 성 테오도레(Saints Theodore) 교회 근처에 있었을 가능성이 높다고 했다. 그중 한 명판에 신의 이름이 '게이트에 있는' 헤라클레스 엠필리안(Empylian)이라고 기록되어 있다. 아그리엘리키(Agrieliki) 산과 브렉시자(Vrexiza) 습지 사이로 마라톤 평원에서 아테네로 이어지는 통로가 고대에는 '관문(Gates)'이라는 뜻의 '필라이(Pylai)'라고 불렸던 것으로 보인다.

두 번째 명판은 마라톤 전투 후에 개최된 헤라클레스 경기에 대한 내용을 다루고 있다(Petrakos, 50~52, 137~140). 핀다로스(Pindaros: BC 5세기경의 그리스의 서정 시인—옮긴이)의 「제8회 피티아 경기를 위한 송가(Eighth Pythian Ode)」를 보면 아이기나(Aegina: 그리스의 아티카 반도와 펠로폰네소스 반도 사이에 도리아인이 세운 도시국가—옮긴이)의 아리스토메네스(Aristomenes)가 헤라클레스 경기에서 승리했다고

〈옆〉 강의 정령 아르켈루스(Archeloos)의 두상. 그는 카라드라 급류의 거센 힘을 지배하는 군주로 마라톤 인근에서 발견되었으며 샤우베르트(Schaubert)의 도움으로 1848년 베를린 박물관이 입수했다. 샤우베르트는 독일인 건축가이자 새로 그리스 왕으로 등극한 바이에른의 오토(Otto) 공을 위해 아테네를 그리스의 수도로 재설계하는 일을 맡았던 도시 계획자였다. 펜텔리쿠스 산의 대리석이 사용된 사진 속의 두상은 BC 470년경 제작된 것으로 마라톤 평원에 있었을 어떤 성지에 있던 것이다.(베를린 국립 박물관)

〈아래〉 카토 술리(Kato-Souli)와 람누스를 연결하는 길이 아테네와 현대 도시인 마라톤을 잇는 주요 도로에서 갈라진 뒤에 카라드라의 바닥을 가로지르게 된다. 여기에 프리쳇(Pritchett, 1960, 157)이 언급한 제2차 세계대전 당시의 대전차호(anti-tank ditch)들이 남아 있는데, 사진에서 보듯 홍수로 마라톤 평원에 쓸려온 강의 표석들이 선명한 지층을 보여주고 있다.

그레이트 마시를 넘어 북동쪽을 향해 드라코네라 산을 바라본 모습. 사진 제일 앞에 보이는 갈색의 갈대는 예전의 습지가 있었던 자리다. 중간 부분, 산 바로 밑에 녹색과 회색의 초목이 경계선처럼 늘어선 지점에 지금은 말라버린 스토미 호수가 있었다.

적혀 있는데, (79번째 행에 따르면) 그가 승리한 장소는 마라톤의 '가장 깊은 구석'에 위치하고 있다. "이는 어쩌면 밴더풀의 주장을 뒷받침하는 근거일 수 있다. 직사각형 형태의 남쪽 입구는 평원이 협소해지는 지점으로 이어지기 때문에 후미나 구석으로 인식될 수 있기 때문이다(Van Der Veer, 297)."

이처럼 밀폐된 공간은 그리스인들에게 이상적인 방어진지를 제공했는데, 다만 늦여름에는 브렉시자 습지가 거의 다 말라버렸을지도 모른다(Grote, 273). 그래도 아테네군은 여전히 아그리엘리키 산기슭에서 솟아오르는 샘에서 물을 구할 수 있었을 것이다. 이런 샘들이 한때 습지에 물을 공급했을 것이고, 예전 지도에도 몇 군데 샘물의 존재가 표기되어 있었다.

신전은 성스러운 숲 안쪽에 자리 잡고 있었다. 아이스킬로스(Aischylos:

고대 그리스의 비극시인—옮긴이)의 묘비에는(Athenaeus, 14.627D; Paus., 1.14.5) 전투가 마라톤의 '알소스(alsos)', 즉 성스러운 숲에서 벌어졌다는 내용을 언급하고 있는데, 분명 성스러운 숲은 올리브 숲이었을 것이다. 왜냐하면 논누스(Nonnus, 13.189)는 올리브 나무가 자라는 마라톤의 성스러운 구역이 울창한 숲으로 덮여 있었다고 말했기 때문이다. 세네카(Seneca)의 『히폴리투스(*Hippolytus*)』 17~18쪽에는 아테네의 히폴리투스(Hippolitus: 그리스 신화에 나오는 영웅. 아테네 왕 테세우스의 아들—옮긴이) 왕이 사냥개 몰이꾼들에게 왼쪽 길을 택해 마라톤 숲을 빠져나가라고 했다는 대목이 있다. '마라톤의' 라는 형용사로서 알소스와 헤라클레이온이 묘사되고 있다는 사실은 모두 그것의 인근에 마라톤 마을이 있었음을 암시한다. 따라서 그 마을은 이 책에 사용된 지도에서 헤라클레이온과 브렉시자 습지, 해안 사이에 자리 잡은 것으로 표시되어 있는데 오늘날 마라톤 해안에 있는 주거지의 위치와 대략 비슷하다.

브렉시자 습지와 그레이트 마시(Great Marsh)는 1920년대 말과 1930년대 초에 말라리아 퇴치를 위한 록펠러 재단의 국제적 캠페인 일환으로 배수되었다. 우리가 복원한 지도에서 두 습지에 해당하는 지역은 배수 전의 크기에 기초를 두고 있다. 마라톤의 습지에 대한 기록들은 아리스토텔레스의 『동물의 역사(*History of Animals*)』(6.15) 등과 같은 일부 고대 자료들에서 찾아볼 수 있다. 플라톤의 『메넥세노스(*Menexenos*)』(240C)에 대한 고대 논평가는 마라톤 평원을 "천연적으로 바위가 많은 데다가 진흙과 습지, 호수 등으로 말을 이용하기에는 적합하지 않다"고 묘사했다.

스타브로코라키(Stavrokoraki) 산기슭에서 솟아오른 마카리아(Makaria) 샘이 그레이트 마시에 물을 공급했다. 이는 고대 촌락인 트리코리토스(Trikorythos)가 있었던 장소였다. 아리스토파네스(*Lysistrata*, 1032)는 '트리코리토스의 모기(Trykorysian Mosquito)'라는 표현을 사용했는데, 인근을 지나는 통로에 대한 논평에서 다음과 같이 그 표현에 대해 설명했다.

"트리코리토스의 모기라고 말한 이유는 트리코리토스에 실제로 모기가 많기 때문이다. 이 장소는 푸른 식물들이 무성하고 습기가 많다."

마라톤은 고대 기록에 테트라폴리스, 즉 '4중 도시(Quadruple City)'로 묘사되어 있다. 네 번째 도시는 오이노에(Oinoe)로 마라톤 평원의 북서쪽 외각에 접해서 현대 마라톤 도시와 가까운 지점에 자리 잡고 있었다. 고대는 물론 현대에도 카라드라(Charadra)라 불리는 급류가 오이노에로부터 트세피(Tsepi)와 스타브로코라키 산 사이를 거쳐 마라톤 평원에 도달했으며 평원으로 정기적으로 범람했다. 오이노에 급류는 관용어가 될 만큼 유명해져서 헤시키우스(Hesychius) 사전에 포함되어 있는 데몬(Demon)의 하나가 이 급류의 범람에 대한 원인으로 언급되어 있다(Hammond 1968, 53). 리크 대령의 기록에 따르면, 급류는 "때때로 엄청난 물의 양과 거센 물의 흐름으로 생기는 피해 때문에 아직도 주의 대상이 되고 있다. 1805년 가을에도 급류는 세페리(Seferi) 마을의 일부 가옥들을 휩쓸었고 그 하류에 위치하는 평원의 목축지와 옥수수 밭을 쑥대밭으로 만들었다. 그 일이 있은 후 도시의 모습은 내가 이전에 두 차례에 걸친 마라톤 방문에서 보았던 것과는 상당히 달라져 있었다."

마라톤 평원의 초기 지도, 특히 포벨(Fauvel)의 지도에는 카라드라 급류가 현재의 모습보다 훨씬 더 북동쪽으로 치우쳐서 마라톤 만까지 흘러 들어갔었다는 사실을 알 수 있다. 분명 급류의 흐름은 만연하는 범람으로 인해 자주 모양을 바꾸었을 것이다. 프리쳇(Pritchett, 1960, 157)은 캘리포니아 대학 데이비스 캠퍼스의 C. 히긴스(Higgins) 교수에게 자문을 받아 고대에는 카라드라가 그레이트 마시로 흘렀을지도 모른다고 주장했다. 그가 이런 주장을 하게 된 근거는 예술품에 있다. 이는 엄청난 양의 물이 새롭게 그레이트 마시에 유입되었다는 사실을 의미하게 된다. 현대에는 신선한 물이 마카리아에서 그레이트 마시를 통과하여 스토미(Stomi) 호수에 모이는데, 이 호수는 드라코네라(Drakonera)와 키노수라 사이에 자리 잡은 민물호수다. 파우사니아스(1.32.7)는 이 호수가 고대에도 존재했다는 사실을 확인시켜준다.

고대에 해안선이 어떤 형태로 마라톤 만을 형성하고 있었는지의 문제는 정치적인 문제로 발전하게 되는데, 올림픽 경기를 위한 시설 건설로 인해 그레이트 마시는 거의 남김없이 조사가 이루어졌다. 소로스의 발굴을 통해 BC 5세기 당시에 존재했던 지형 위로 대략 3미터의 충적토가 쌓였음을 확인할 수 있었다(Pritchett, 1960, 141). 이는 카라드라의 거센 흐름에 의한 것이라고밖에 볼 수 없다. 이 지역은 아직까지 지질구조상으로 활발한 활동을 보이는 영역에 속하지만 바닷가의 해안선은 상대적으로 적은 변화만 있었다(Pritchett, 1965, 83~84). 따라서 BC 5세기의 해안이 오늘날의 것과 대략 비슷하다고 보는 것이 타당할 듯하다.

## :: 전투의 서막

전투는 아테네 역법상 메타게이트니온 달 17번째 날에 있었던 것으로 보인다. 이는 오늘날의 역법으로 환산하면 BC 490년의 9월 11일에 해당한다(Hammond, 1968, 40 n.121). 이 날짜는 필리피데스가 스파르타에 도착한 것이 메타게이트니온의 달 9번째 날이었다는 헤로도토스(6.106.3)의 기록을 토대로 역산하여 추정한 날짜다. 스파르타인들은 15일 보름이 될 때까지 움직일 수 없었다. 그들이 아테네에 도착한 것은 스파르타를 출발하여 3일 뒤인(Hdt., 6.120) 메타게이트니온의 달 18번째 날로, 플라톤은 전투가 이미 하루 전에 끝나서 스파르타인은 참여할 수 없었다고 기록했다(*Laws*, 698E). 따라서 전투는 그 달의 17번째 날에 발생했다. 아테네군은 필리피데스가 스파르타 측의 답신을 가지고 돌아올 때까지 기다렸다고 가정하더라도 늦어도 11일에는 마라톤으로의 행군을 시작했을 것이다. 따라서 두 적대 세력은 적어도 5일 내지 6일간을 교전도 없이 서로 대치하고

이 컵에 나타난 기수는 아르타페르네스 휘하의 기병으로 생각된다. 오르비에토(Orvieto)의 파이나 컬렉션(Faina Collection, no. 48) 중 하나로, 오르비에토는 컵이 발견된 장소이기도 하다. '오미크론(omicron: 그리스 문자의 열다섯째 자모—옮긴이)'과 '로(rho: 그리스 문자의 열일곱째 자모—옮긴이)'가 기수의 왼쪽 팔 윗부분에 있다가 떨어져 나갔다. 윌리엄스(Williams, 75~76)의 주장에 따르면 그 글자들은 '코리스 히페이스(Choris Hippeis)', 즉 '기병대는 떠났다'는 말을 약어로 표현한 것이다. 또 화병의 그림은 마라톤 전투가 있던 해 또는 그 직후 안티폰(Antiphon)에 의해 제작되었다.(독일 고고학 연구소 로마 분원 neg. 61.1192)

있었던 셈이다.

그리스인들은 스파르타인들의 도착을 기다리면서 일부러 교전을 지연시켰다고 보는 편이 타당하다. 그러나 어째서 다티스가 먼저 공격을 하지 않았는지는 이해하기가 어렵다. 네포스의 『밀티아데스 5』에는 이 부분에 대한 기술이 대단히 모호하다. 저자는 그 중에 J. C. 롤프(Rolfe)의 해석을 따랐다. 네포스는 아테네군이 아테네를 출발한 유리한 지형에 진영을 구축했다고 했다.

"그리고 그 다음 날, 아테네군은 부분적으로 마라톤 평원까지 뻗어 있는 산기슭에 정렬했으며 그 지점은 드문드문 무리를 짓고 있는 나무들로 인해 공간이 완전히 개방되어 있지는 않았다. 이렇게 그들은 전투를 시작했다. 이런 진형을 선택한 목적은 자신은 높은 산의 보호를 받는 동시에 흩어진 나무들로 인해 적의 병력집중은 어렵게 함으로써 페르시아의 기병대가 우세한 병력으로 자신을 포위하지 못하게 하는 데 있었다."

아마도 네포스는 아테네군이 성스러운 숲, 헤라클레이온 정면에 진형을 펼쳐 좌익은 아그리엘리키 산으로부터, 우익은 바다에 의해 보호를 받았다는 의미를 전달하려고 했던 것 같다. 이로써 다티스가 왜 아테네군을 공격할 수 없었는지 그 이유가 설명된다. 기병대가 작전을 펼칠 수 있는 공간이 없었던 것이다. 다티스는 자신의 기병 부대가 이 전투를 승리로 이끌 수 있을 정도로 결정적인 이점이라는 사실을 잘 알고 있었다. 따라서 오로지 보병대만으로 교전에 돌입하는 위험을 무릅쓰고 싶지는 않았을 것이다.

일부 역사학자들은 네포스의 글을 아테네군이 스스로 여러 곳에 나무를 흩어놓았다는 뜻으로 해석했다. 즉 그들이 '녹채(鹿砦)'를 만들었다는 것이다. 이 해석을 뒷받침하는 주장들도 몇 가지 존재한다. 프론티누스(Frontinus, *Strat.*, 2.2.9)의 기록이 사실이라면, BC 510년에 스파르타 왕 클레오메네스는 참주 히피아스를 아테네로부터 몰아내기 위해 아티카를 침략했으며 히피아스를 지원하기 위해 출격한 테살리아 기병대에 대비해 녹채를 만들었다고 한다. 하지만 저자는 네포스의 말을 액면 그대로 받아들이는 편이 더 바람직하다고 생각한다.

| **다티스가 부대를 분리시키다** |

- 이러한 상황 속에서 교착상태를 깨뜨리는 부담을 감수한 쪽은 다티스였다. 그는 히피아스의 지지자들로부터 얻은 정보를 통해 이미 스파르타인들이 메타게이트니온 달 보름이나 되어야 움직일 것이라는 사실을 알고 있었을지도 모른다. 실제로 네포스(*Milt.*, 5.4)는 다티스가 스파르타인들이 도착하기 전에 전투를 하고 싶어 했다고 기록하고 있기도 하다. 그들이 도착한다고 해도 그가 가진 기병대의 우위는 사라지지 않겠지만 보병의 수적인 우세는 상당 부분 줄어들게 될 것이었다. 이러한 전술적 고려사항이 압박으로 작용해 다티스는 결국 자신의 군대를 둘로 나누는 방법을 선택한 듯하다. 『수이다스』의 「렉시콘(*Lexicon*)」에 언급된 한 그리스 속담은 그가 이런 전술을 택해야 했던 이유에 대해 어느 정도 단서를 제공하는 것처

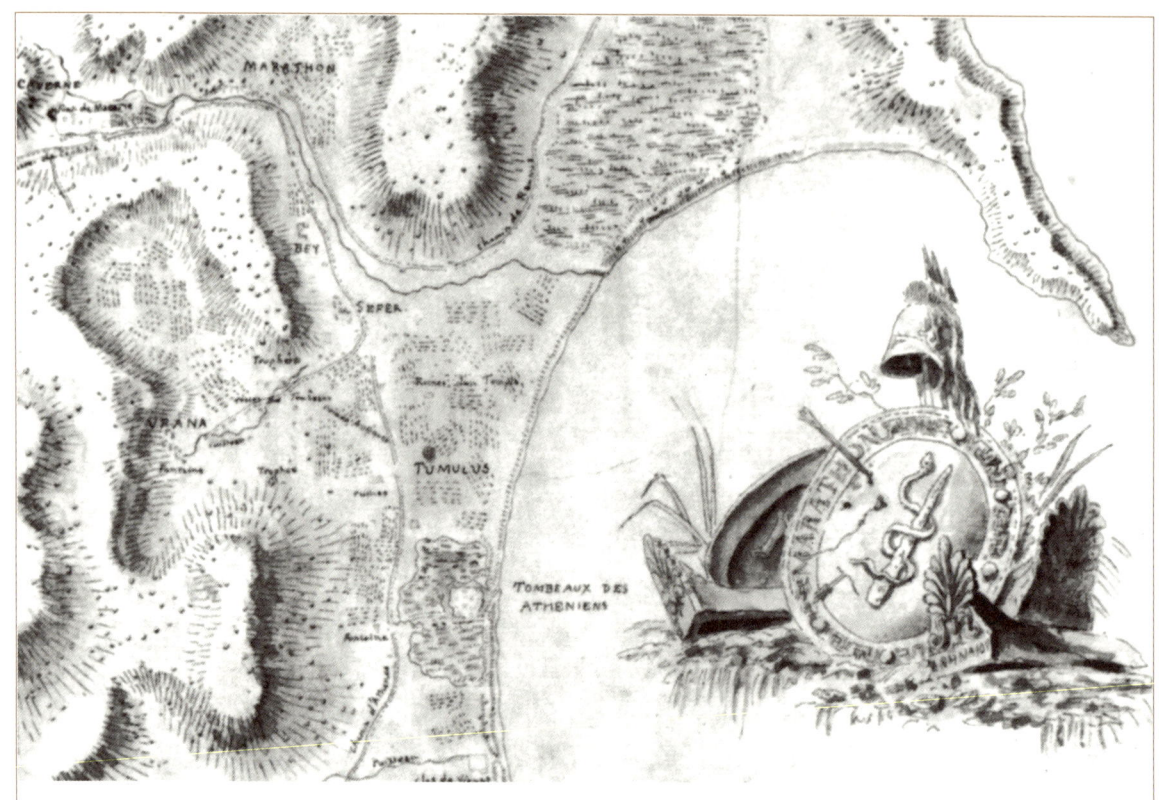

마라톤 평원을 나타내는 현대적 양식의 최초 지도는 1792년 그리스에 부임한 프랑스 영사 L. F. S. 포벨(Fauvel)이 제작했다. 카라드라 급류의 본류가 동쪽으로 훨씬 더 멀리 뻗어서 지도 정중앙의 '신전의 폐허(Ruines d'une Temple)'라고 표시된 지역 뒤로 이어지며 이것은 파나기아 메소스포리티사(Panaghia Mesosporitisa) 교회 근처 프랑크식 탑(Frankish Tower)의 잔해를 의미하는 것으로 보인다.(파리 국립 도서관, 바르비에 컬렉션 no. 1341)

럼 보인다.

"코리스 히페이스(Choris Hippeis: 기병대는 떠났다)."

그리스 사람들의 말에 따르면, 다티스가 아티카를 침략했다가 기병들을 배에 태웠을 때, 이오니아인들은 나무 위로 올라가 아테네인들에게 신호를 보내 페르시아 기병대는 떠났다고 알렸다. 밀티아데스는 페르시아인들이 철수하고 있다는 사실을 알게 되었고 그 상태로 교전에 돌입해 승리했다. 바로 그런 이유로 '기병대는 떠났다'는 말이 대열을 어지럽히는 사람들을 가리키는 말로 사용되게 되었다.

이오니아인들은 '나무 위'로 올라갔어야 했을 것이다. 그들이 마라톤

마라톤 평원의 성스러운 숲을 둘러싸고 있는 올리브 나무들은 페르시아 기병대의 움직임을 방해했다. 아테네군의 공동묘지인 소로스의 기저부 주변에서 자라는 이 올리브 나무들을 통해 당시 성스러운 숲이 어떤 모습을 하고 있었는지를 추측해볼 수 있다.

전투 전날 밤 아테네인들에게 다티스가 자신의 병력을 분리시켜야겠다는 결정을 내리고 기병을 함선에 탑재했을 때 그 소식을 전해야 할 장소가 성스러운 숲 안쪽에 있었기 때문이다(Hammond, 1968, 39~40). 말들을 다시 수송선에 싣는 작업은 낮에 진행되었을 것으로 보인다. 낮에 말들을 배에 태우는 일도 이미 어려운데(Evans, 1987, 104), 이를 밤에 수행하기는 더욱 어렵기 때문이다.

　네포스의 기록은 페르시아의 병력 분산을 암시하고 있는지도 모른다. 네포스는 다티스가 10만 명의 보병을 이끌고 (기병 1만 명과 함께) 전투에 나섰다고 했는데, 이에 앞서 원정에 나선 보병은 총 병력이 20만 명이라고 밝힌 바 있다(How & Welles, 361). 이처럼 네포스의 출처는 다티스가 자신의 전체 병력 중 절반만을 이끌고 마라톤 전투에 나섰다고 확신하고 있다.

헤로도토스가 병력 분산에 대해 전혀 언급하지 않았다는 사실도 강조되어야 한다. 『수이다스』는 매우 뒤늦게 작성된 기록이고 보면, 이처럼 중요한 사건이 헤로도토스를 비롯한 다른 초기 기록자들로부터 간과되었다는 사실은 믿기 어려운 일이다. 그렇다고 중세 초기의 작가가 고대 속담과 그에 대한 풀이를 꾸며냈다고 보기는 더더욱 어렵다.

다티스는 분명 스파르타군이 합류하기 전에 병력의 절반으로 아테네군을 견제하고 그 사이에 다른 절반을 기병대와 함께 방위가 허술해진 아테네를 점령하는 작전을 펼치기 위해 병력을 분산시켰을 것이다. 아마 그들이 의도한 상륙지는 팔레론 만이었을 가능성이 높은데, 사실 마라톤 전투에서 패배한 이후 그곳에 상륙하려는 시도를 하기는 했다. 저자는 페르시아군이 야영지를 정리하고 모든 텐트를 배에 실었을 것으로 생각한다. 페르시아군의 야영지에 대해서는 헤로도토스도 아무런 언급이 없기 때문이다. 그리스군이 전투에 응하려고 한다는 사실이 명백해졌을 때, 페르시아 함대는 닻을 내린 채 만 안에 그대로 정박하고 있었다. 페르시아 지휘관들 중 패배를 예상했던 사람이 있었으리라고는 생각할 수 없다.

10명의 스트라테고스가 매일 돌아가면서 아테네군의 작전 지휘를 맡았다. 헤로도토스(6.110)에 따르면 밀티아데스의 편에 섰던 5명의 스트라테고스 중 한 명이 지휘할 차례가 오면 그들은 밀티아데스에게 지휘권을 양도했다. 하지만 밀티아데스는 그래도 자신의 차례가 올 때까지 기다렸다가 행동을 취했다고 한다. 반면, 플루타르코스(Arist., 5.2)는 안티오키스(Antiochis) 부족연대를 지휘하는 아리스테이데스(Aristeides)가 전투 당일 밀티아데스에게 지휘권을 넘겼다는 기록을 남겼다. 밀티아데스의 부족연대인 오이네이스(Oineis)와 아리스테이데스의 부족연대인 안티오키스가 지휘권을 담당하게 되는 순서가 라우비체크가 입증한 부족연대 서열에 따라 서로 앞뒤에 서 있다는 점을 주목하면 몹시 흥미롭지 않을 수 없다(109

쪽의 아테네군 전투 서열 참조). 이것은 전술 지휘권이 매일 한 부족연대에서 그 왼쪽 대열을 담당하는 부족연대로 이동하며 그 시작은 아테네군이 마라톤 평원에서 처음으로 진형을 형성한 날 지휘를 담당한 최우익의 아이안티스(Aiantis) 부족연대였을 것이다. 이러한 가정이 정확하다면, 오이네이스는 대치 상황 4일째에, 안티오키스는 5일째에 지휘권을 행사하게 되었을 것이다.

| 마라톤 전투 |

먼저 전투대형을 갖춘 쪽은 페르시아군이었던 것으로 보인다. 헤로도토스 (6.113)는 '페르시아인 자신들'과 사카이인들이 페르시아 전열의 중앙에 배치되었음을 명확하게 언급하고 있다. 이는 중앙에서 전열을 통솔하는 것이 페르시아 군대의 관습이었음을 의미한다. 따라서 다티스 또한 중앙에 자리 잡고 있었을 것으로 보인다. 페르시아인들은 1,000명의 아르스티바라로 이루어진 천인대로 다티스를 호위했을 것이다. 사카이인들이 중앙에서 나머지 두 개 내지 세 개의 정예보병 하자라밤을 구성하고 있었을 것이다. 추측컨대, 바이바라밤 중 절반이 중앙 전열의 양쪽 측면에 정렬했을 것이다. 또 보병을 10열 횡대로 배치하는 것이 페르시아의 표준 진형이기 때문에 전열의 제일선은 병사 1,400명으로 구성되었을 것이다. 군대와 동행한 아에올리아인들과 이오니아인들의 부대는 전투와 관련된 그 어떠한 기록에도 등장하지 않는다. 아마도 이미 함선에 승선하고 있었던 것으로 생각된다.

## 아테네군 전투 서열

| BC 5세기 말/BC 4세기 초 | 아폴론이 선택한 폴룩스의 순서 | 라우비체크의 복구 (1956) |
|---|---|---|
| | | [아이게이스(II) 불확실함] |
| 1. 에레크테이스(Erechtheis)(I) | 에레크테이스(I) | 에레크테이스(I) |
| 2. 아이게이스(Aigeis)(II) | 케크로피스(VII) | 케크로피스(VII) |
| 3. 판디오니스(Pandionis)(III) | [아이게이스(II)] | |
| 4. 레온티스(Leontis)(IV) | 판디오니스(III) | 판디오니스(III) |
| 5. 아카만티스(Akamantis)(V) | [아카만티스(V)] | 레온티스(IV) |
| 6. 오이네이스(Oineis)(VI) | 안티오키스(X) | 안티오키스(X) |
| 7. 케크로피스(Kekropis)(VII) | 레온티스(IV) | 오이네이스(VI) |
| 8. 히포톤티스(Hippothontis)(VIII) | 오이네이스(VI) | 히포톤티스(V) |
| 9. 아이안티스(Aiantis)(IX) | 히포톤티스(VIII) | 아카만티스(V) |
| 10. 안티오키스(Antiochis)(X) | 아이안티스(IX) | 아이안티스(IX) |

스테실레오라는 매우 낯선 이름이 이 검은색 그림이 그려진 암포라(amphora)의 정면에 나타난다. 전투가 있기 20년 전쯤에 제작된 그림이다. 네메아의 사자와 격투를 벌이는 헤라클레스의 형상을 가운데 두고 양쪽에서 아테나와 헤르메스가 이를 바라보고 있다. 여기에 등장하는 이름은 마라톤에서 싸운 스트라테고스 스테실레오스를 나타내는 것일 수 있다. 더 나아가 이 암포라가 어쩌면 한때 그의 소유물이었을 가능성도 있다.(베를린 국립 박물관, inv. 3274)

    이제 아테네군도 진형을 갖추었다. 헤로도토스(6.111)는 아테네군의 대열이 페르시아군의 진형 길이와 비슷해지도록 중앙 전열은 종심이 몇 열에 불과했고, 그 때문에 중앙이 가장 취약했지만 양익은 수적으로 강했다고 전한다. 그리스 팔랑크스(phalanx) 대형은 종심의 깊이가 8열이었다. 이것은 단지 추측에 불과하지만 헤로도토스가 말한 '몇 열에 불과한 종심'은 양익의 부족연대들이 8열 횡대를 유지했던 반면, 중앙의 부족연대들은 4열 횡대로 배열되었음을 의미하는 것일 수도 있다(Lazenby, 64). 만일 플라타이아인들과 8개 아테네 부족연대들이 8열 횡대를 유지하면서 중앙의 2개 부족연대가 4열 횡대로 배치되었다면 제1열에 선 병사의 수(1,475명)는 페르시아군 대형의 제1열의 수와 비슷했을 것이다. 그러나 이 모든 계산은 단지 추측에 불과하다는 것을 잊어서는 안 된다.

    아이안티스(IX) 부족연대는 우익에서 싸웠다는 사실은 여러 출처를 통

나폴리 고고학 박물관에 전시된 아이스킬로스의 헤르메스 주상[Hermes 柱像: 고대 서양에서 이루어진, 네모진 기둥에 머리나 성기(性器)를 붙이는 조상(彫像) 형식—옮긴이]. BC 525년에 태어난 그는 마라톤과 아르테미시온(Artemision), 살라미스, 플라타이아 전투에 참가했다. '파로스 섬의 대리석 판(Marmor Parium)' ep. 48에 따르면 그는 마라톤 전투에서 상당한 활약을 보였다. 전투는 물론 그에게 큰 인상을 남겼다. 말년에는 머리카락이 빠졌는데 독수리가 그의 머리를 바위로 착각해 그 위로 거북이를 던지는 바람에 69세의 나이로 젤라(Gela)에서 사망했다는 전설이 있다. 그의 비석에는 다음과 같이 기록되어 있다. "마라톤의 성스러운 숲과 긴 머리의 메데스인들이 명성이 자자한 그의 용맹성을 보증할 것이라."(독일 고고학 연구소 로마 분원)

해 이미 확인되었다. 플루타르코스(Mor. 628E)는 이렇게 기록했다.

"웅변가 글라우키아스(Glaukias)에 따르면, 마라톤 전투에서 진형의 우익은 아이안티스의 병사들에게 부여되었다."

그의 발언은 '전투에서 훌륭하게 싸운' 아이스킬로스(Aischylos)에 대한 애가조의 시구(詩句)에 근거를 두고 있다. 에우포리온(Euphorion)의 아들 아이스킬로스는 아이안티스 부족의 엘레우시스(Eleusis) 데모스에 등록되어 있었기 때문에 이 부족연대에서 그의 형제인 키네게이로스(Kynegeiros)와 함께 싸웠다. 그러나 키네게이로스는 페르시아 함선을 두고 벌어진 교전 중에 전사했다.

플루타르코스는 그의 저서 『모랄리아』(305B)의 다른 부분에서 "키네게이로스가 아이안티스 부족연대의 스트라테고스"라고 전하고 있으나 이는 잘못된 기록임이 거의 확실하다. 저스틴(2.9)은 키네게이로스를 '일반 병사'로 명확하게 밝히고 있다(miles). 같은 구절에서 플루타르코스는 별로 타당성이 없어 보이는 각종 인물들을 스트라테고스로 만들어버리는데, 여기에는 폴레마르크인 칼리마코스를 비롯해 폴리젤로스(Polyzelos)[쿠파고라스(Kouphagoras)의 아들이자 전투 도중 실명한 사병 에피젤로스(Epizelos)의 오기]도 포함이 된다. 그가 언급하고자 했던 부족연대의 스트라테고이는 아마도 스테실레오스(Stesileos)였을 것으로 추정되는데, 그는 뒤에 페르시아 함선 위의 전투 중 전사하는 것으로 나온다.

마라톤 전투에서 페르시아 함대와의 교전은 아이안티스 부족연대가 가장 많이, 혹은 아예 단독으로 참여한 전투 국면이었다. 마라톤 테트라폴리스 중 세 개 촌락인 마라톤과 오이노에, 트리코린토스(Trikorynthos)는

마라톤 BC 490

〈옆〉 파나기아 메소스포리티사 교회. 이곳에서 파종 시기의 중간인 11월 21일에 축제가 열리기 때문에 일명 '파종 한가운데의 성모 교회(Holy Mother of the Middle of Sowing)'라 불린다. 교회의 구조는 한때 전승 기념물들과 함께 존재했지만 현재 기념물들은 제거되어 박물관으로 옮겨졌다.
〈위〉 파나기아 메소스포리티사 교회의 구내에 있는 프랑크양식의 탑 유적. 탑은 대리석 기둥과 기둥머리, 꼭대기 조각을 비롯해 고대 건축용 블록으로 이루어졌는데, 이들 블록은 BC 4세기 말경에 제작된 묘비에서 가져온 것들로 추정된다. 구조물들은 분리되었고 대리석 자재들은 다른 곳으로 옮겨졌다. 남겨진 블록들을 다시 한곳에 모은 상태다.

모두 아이안티스 부족연대에 동원되는 트리티스를 형성한다. 나머지 촌락인 프로발린토스의 병사들은 판디오니스 부족연대에 포함된다.

헤로도토스(6.111)는 칼리마코스가 전열의 우익을 이끌었다고 전하고 있다. 이는 "당시 아테네인들의 법률에 폴레마르크는 우익을 담당해야 한다고 규정하고 있기 때문이다." 이런 법률을 지키다 보니 우연하게도 칼리마코스는 자신의 부족연대를 맡게 되었는데, 그의 데모스인 아피드나는 아이안티스 부족연대에 속하기 때문이다.

플루타르코스(Arist., 5.3)는 프레아르히오이(Phrearrhioi) 데모스 출신

네오클레스(Neokles)의 아들 테미스토클레스(Themistokles)와 알로페케(Alopeke) 데모스 출신이자 리시마코스(Lysimachos)의 아들인 아리스테이데스가 마라톤 전투에서 나란히 싸웠다고 기록했는데, 이는 두 사람이 각각 레온티스(Leontis IV) 부족연대와 안티오키스(Antiochis X) 부족연대에 속해 있었기 때문이다. 이들 두 부족연대는 그리스 전열의 중앙을 형성하고 있었다.

플루타르코스(5.1)는 특별히 아리스테이데스가 안티오키스 부족연대의 스트라테고스였음을 언급하는데 이 때문에 현대 역사학자들은 다음과 같은 사실을 유추하기도 한다. 즉, 플루타르코스는 테미스토클레스도 아리스테이데스와 동급으로 레온티스 부족연대의 스트라테고스였다는 것이다. 물론 이를 확실히 단정짓기는 어렵다. 그러나 저스틴(2.9) 또한 테미스토클레스가 어린 나이에도 불구하고 전투에서 영웅적 자질을 드러냈으며 훗날 군사 지도자로서 그가 보여준 위대성을 짐작하게 하는 최초의 조짐을 드러냈다고 전하고 있다. 실제 테미스토클레스는 BC 528년경에 태어났으므로 전투가 발발했을 당시 그의 나이는 38세였으리라고 추정된다. BC 493년에 이미 아르콘의 지위를 획득했으므로 BC 490년에 레온티스 부족연대의 스트라테고스의 위치에 올랐다 하더라도 이상할 것은 없다. 밀티아데스는 오이네이스(V) 부족연대의 스트라테고스였을 것으로 여겨지나 이 부족이 전열의 어느 위치에 배치되었는지에 대한 기록은 찾아볼 수 없다.

헤로도토스는 아테네 부족연대들이 '각자의 부대번호에 따라 나란히' 정렬했다고 전한다. 대부분의 역사학자들이 이를 공식적인 순서에 따른 정렬로 간주하는 반면, 프리쳇(1960, 147)은 병력 규모에 따른 정렬일 가능성도 있다는 제안을 내놓았다. 만일 부대서열이 부족연대의 보유병력에 근거해 책정된 것이라면, 이 두 가지 주장이 모두 맞는 셈이 된다.

앞에서 언급한 3개 부족연대의 마라톤 전투 시 전투 서열은 BC 5세기 말에 정립되어 BC 4세기까지 사용된 표준 전투 서열과 일치하지 않는 것으로 알려져 있다. 그 밖에도 부족연대 전투 서열에 대한 또 다른 기록이 두 가지 존재한다(109쪽 아테네군 전투 서열 참조). 첫 번째 기록은 100개 부족 명단을 BC 508/507년 델포이의 아폴론 신전에 제출해 신탁에 의해 선정된 10개 부족 이름을 나열한 것으로 폴룩스(Pollux)의 『오노마스티콘(Onomasticon)』(8.110)에 기록되어 있다. 아이게이스와 아카만티스(109쪽 표에는 대괄호 안에 적혀 있다), 이 두 부족연대는 일부 원고에는 빠져 있는 반면 또 다른 원고에는 추가되어 있기 때문에 그들의 서열은 확실치 않다.

라우비체크(1956)는 부족연대의 서열을 부대가 함대에 승선할 때 페이라이에우스(Peiraieus) 항구에서 대기하는 순서나 투표 시 아고라(Agora)에 정렬했던 순서가 정리되어 있는 BC 5세기 초의 비문 내용과 일치시키기 위해, 폴룩스의 순서를 약간 바꿨다. 위치가 확실하지 않은 아이게이스를 제외시키고 아카만티스를 히포톤티스와 아이안티스 사이에 놓았다. 또 안티오키스와 레온티스는 순서를 서로 뒤바꾸었다. 하지만 그는 BC 5세기 말에 표준 서열이 정립되기 전까지의 BC 5세기 초에 등장했던 부족연대 중 다수가 결국은 사라져버렸다는 사실도 언급했다. 보다시피 폴룩스에서 제시한 서열 또는 라우비체크가 정립한 서열은 마라톤 전투에서 아테네군의 대형에 대해 우리가 알고 있는 사실과 일치한다. 어쩌면 라우비체크의 서열이 더 정확할지도 모른다. 왜냐하면 안티오키스와 레온티스를 전열의 중앙에 보다 가깝게 배치시키고 있기 때문이다.

플라타이아 부대는 일반적으로 모국을 떠나 전투에 참가한 연합국들이 담당했던 좌익에 배치되었다.

### | 전장의 위치 |

현대 역사학자들은 아테네군과 페르시아군의 진형을 마라톤 평원에 다양한 방식으로 배치했다. 그것은 주로 헤라클레이온의 위치와 아테네군 야

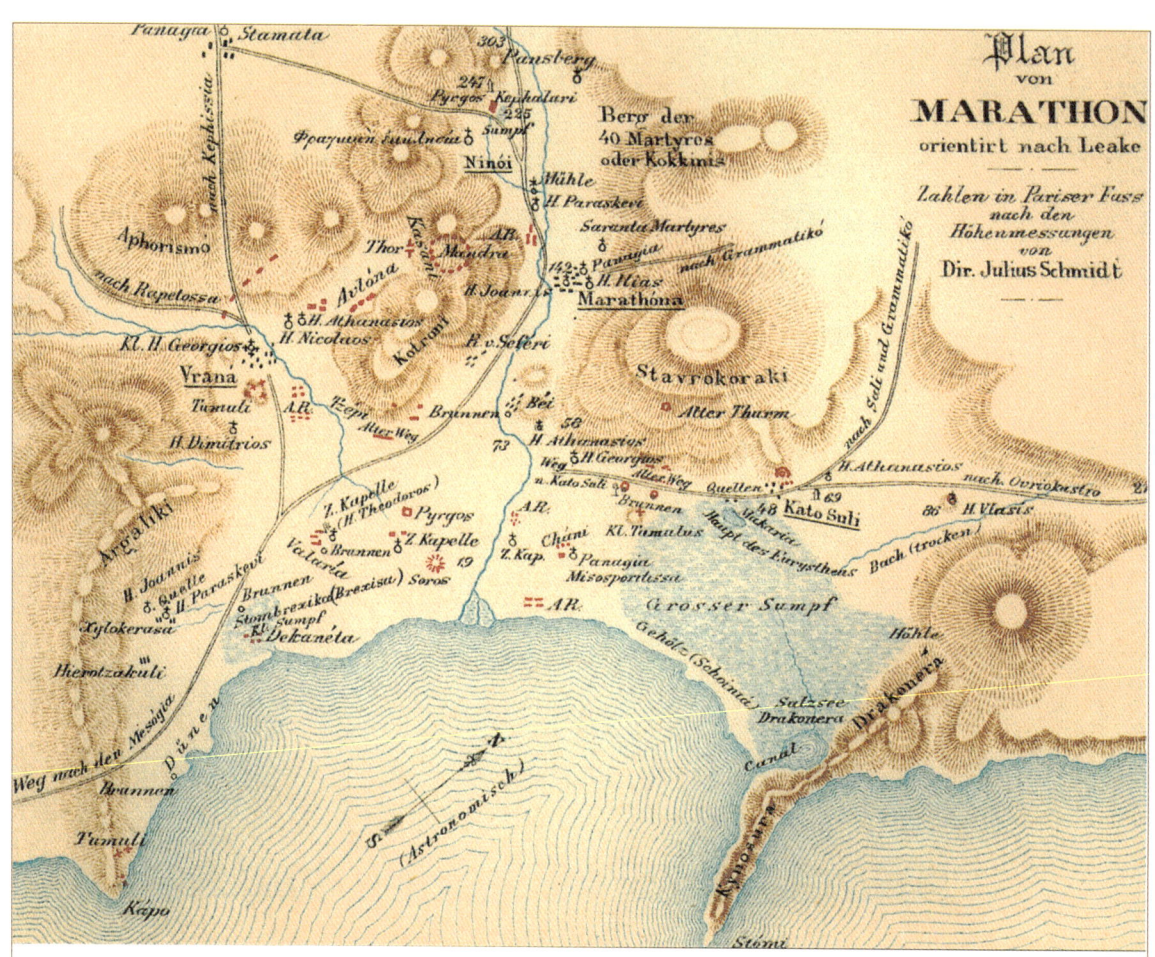

사진의 마라톤 평원 지도는 H. G. 롤링(Lolling)이 발표한 것으로 오늘날에는 모두 사라졌지만 그가 살던 시대에는 존재했던 고대 유적들의 위치가 붉은색으로 표시되어 있다. 일부 사람들에게 밀티아데스의 기념비가 있었던 장소로 잘 알려져 있는 피르고스(Pyrgos)는 이러한 유적들 중의 하나다.[*Athenische Mitteilungen* 1(1876) pl.iv]

영지의 위치를 아기오스 데메트리오스(Agios Demetrios)에 있는 것으로 보았는지, 아니면 발라리아(Valaria)에 있었다고 보았는지에 따라 달라졌다. 초기의 전투현장 복원들은 대부분 페르시아군을 바다를 등진 채 해안선에 평행하게 정렬했던 것으로 보았다. 이로써 그들이 어떻게 자신의 함선으로 달아날 수 있었는지, 그리고 어떻게 아테네군의 중앙을 내륙으로 밀어붙일 수 있었는지는 설명이 된다. 그러나 어떻게, 그리고 왜 페르시아 전선의 양익이 그레이트 마시로 도주했는지를 설명하지는 못한다. 이 책은

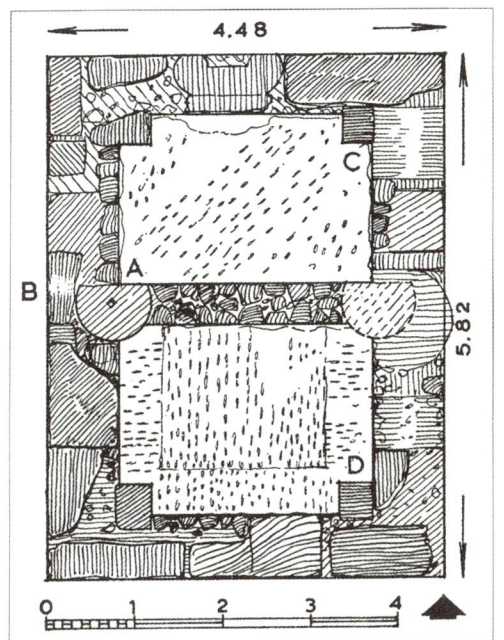

한때 전승 트로피의 꼭대기를 장식했던 이오니아식 기둥머리의 그림과 프랑크 양식의 탑에 대한 발굴 전 도면. 존 트라블로스(John Travlos)의 그림 *Hesperia* 35, 1966, 95, 98). 평면도의 도면 윗부분에 기둥머리가 박혀 있으며 네 개의 기둥 몸통은 차례대로 A에서 D라고 표시되어 있다. 이 유물의 기둥 몸통과 기둥머리는 부분적으로 복원되어 마라톤 박물관에 전시되고 있다. 전체적인 유물의 복원 그림은 I. 야르메니티스(I. Yarmenitis)에 의해 이루어졌다.(아테네 고고학 협회)

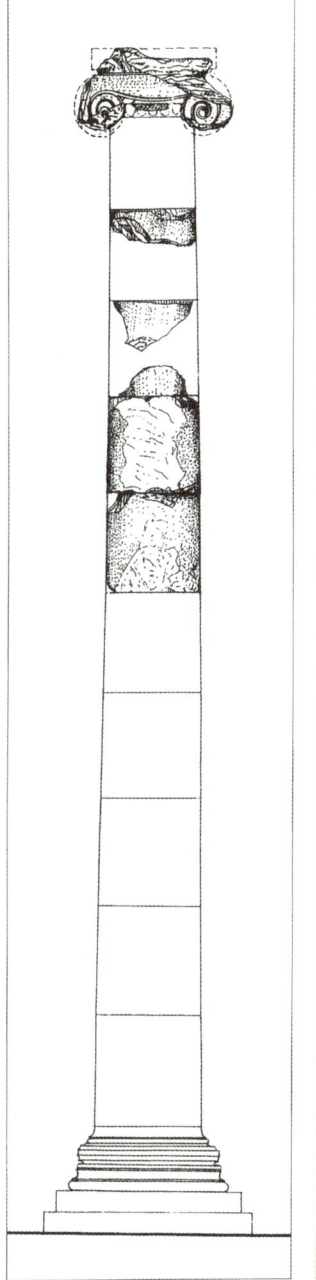

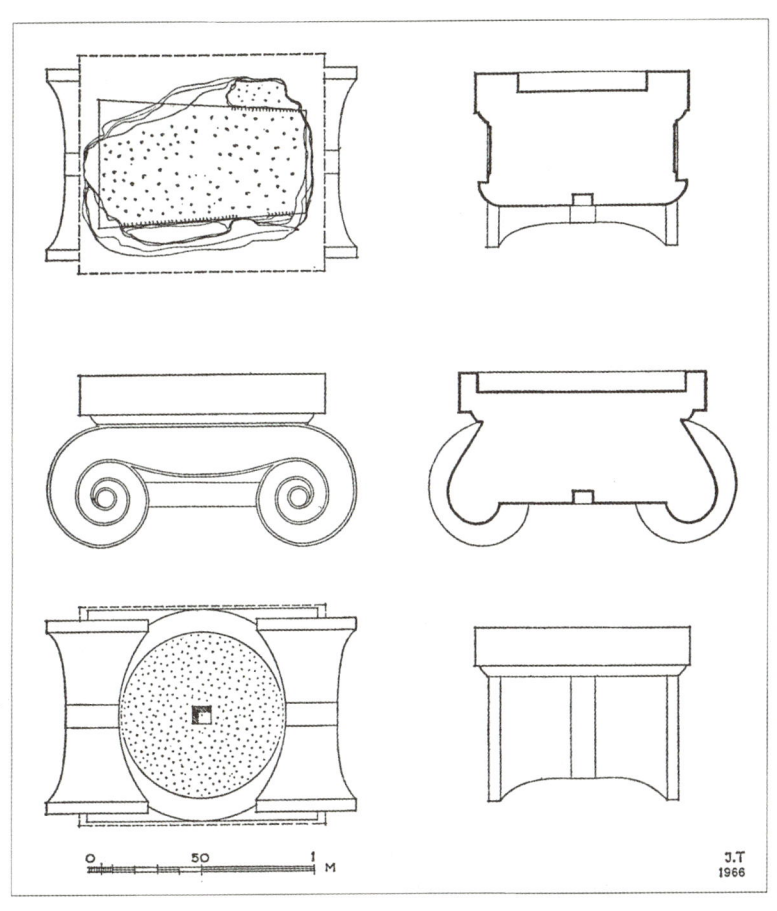

마라톤 전투

최근 해먼드가 복구한 내용을 채택했다.

양군의 진형이 해안선에 평행하지 않고 직각으로 배치되었다는 제안을 처음으로 내놓았던 사람은 아마 영국 장군 프레더릭 모리스 경이었을 것이다. 그는 페르시아군이 카라드라 급류 앞으로 전열을 형성해 급류 기슭의 급격한 경사를 이용했을 것이라고 생각했는데, 경사의 높이는 여러 곳에서 5.5미터에 달했다(Pritchett, 1960, 156). 저자는 카라드라 급류가 고대에는 그레이트 마시에 흘러 들어갔다는 프리쳇의 확신에 의견을 같이한다. 따라서 나는 모리스 경의 견해를 고려의 대상에 넣을 수 없다. BC 490년에 카라드라 급류가 마라톤 평원 위로 흘렀다고 하더라도 그 어떠한 자료에도 그것이 전투에 어떤 역할을 했다는 기록은 없다(Van Der Veer, 305~306). 프리쳇과 마찬가지로 나는 모리스 경이 주장한 양 진영의 전선 배치 방식에는 동의하나 그의 논거에는 동의하지 않는다.

'평원의 무덤'에서 발굴된 화살촉과 창날. 그 무덤은 소로스로 추정되었는데 1830년 브록(Brock) 제독의 주도 하에 발굴이 수행되어 후에 대영박물관으로 옮겨졌다. 화살촉들은 서부 이란의 화살촉과 자주 비교된다.(대영 박물관 보관)

약 2,500년 전에 발생한 전투를 보다 실제에 가깝게 복구하기 위해서는 양군 전열의 시작점과 그 길이, 고대 지형을 통해 얻을 수 있는 그 밖의 여러 정보들을 고려해야만 한다. 아테네군 야영지가 발라리아 근처, 헤라클레이온에 있었으므로 페르시아군 야영지는 스코이니아스 해변 지역 어딘가에 있었을 가능성이 높다. 따라서 양군의 전열은 해안에 대해 직각으로 배열되었다는 결론을 내릴 수밖에 없다. 이러한 배열만이 페르시아 병사의 대부분이 그레이트 마시로 달아나게 된 이유를 설명할 수 있다. 앞서 설명했듯이 두 전열은 모두 대략 인원 1,500명 혹은 같은 수의 보폭이나 야드, 또는 미터 길이로 늘어섰다. 또 앞으로 간단히 설명하겠지만 아테네군은 페르시아군으로부터 1,500미터 떨어진 곳에서 진격을 시작했다.

고대의 지형 또한 우리에게 여러 단서들을 제공한다. 지난 2세기 동안 점점 더 집약화된 농업 개발이 이루어지면서 한때는 평원에서 많이 찾아볼 수 있었던 고대 건축물들의 흔적들이 상당 부분 사라졌다. 소테리아데스나 밴더풀과 같은 고고학자들이 많은 정보들을 되살려냈고, 그 밖의 세부적인 사항들은 롤링이 작성했던 것과 같은 옛 지도를 통해 소생시킬 수 있을 것이다. 파우사니아스(1.32.3~5)는 그가 마라톤 평원의 중앙부를 찾아갔을 때 아테네인들의 무덤, 플라타이아인들과 노예들의 무덤, 밀티아데스의 기념비, 흰 대리석으로 된 전승 트로피 등을 볼 수 있었다고 전한다. 이 모든 유적들은 모두 비슷한 장소에 있었으며 파우사니아스가 이들을 차례로 방문했으리라는 것이 일반적인 생각이다(Hammond, 1968, 18).

소로스는 아테네인들의 무덤으로 보아야 한다. 초기에 이 지역을 방문했던 클라크(Clarke)와 리크(Leake)는 모두 소로스 근처에 플라타이아인들과 노예들의 무덤으로 생각되는 작은 고분이 있었다고 보고했다. 피르고스(Pyrgos)는 고지도에서 소로스 북쪽으로 600~700미터 떨어진 지점에 있었던 것으로 표시되어 있는데, 일종의 중세 시대 탑으로 분명 고대의 재료를 이용해 제작되었음이 분명하지만 오늘날에는 남아 있지 않다. 그 자재들은 밀티아데스의 유적에서 가져온 것일 수도 있고(Vanderpool, 1966, 101), 마라톤 테트라폴리스의 종교적 중심인 디오니소스 신전에서 가져온 것일 수도 있다(Van der Veer, 292~293).

지금까지 전해지는 초석들은 물론, 두 번째 중세 탑은 '흰 대리석으로 된 전승 트로피'의 구성요소들이 혼합되어 있는 모습을 보였다. 이 탑은

4. 플라타이아군과 교전한 페르시아 부대가 가장 먼저 패주했던 것으로 보인다. 우익을 형성하는 그 부대들은 페르시아 함대로부터 가장 멀리 떨어져 있었다. 연이어 페르시아 우익 전체가 500페이스(380미터) 길이에 걸쳐 붕괴되어버렸다.

5. 페르시아 중앙 전열에 포진한 페르시아인들과 사카이인들의 정예부대는 아테네의 안티오키스와 레온티스 부대를 격퇴한다. 총 인원 900명의 이들 부족연대는 아그리엘리키 산 방향의 내륙으로 몰리게 되었다.

2. 아테네와 플라타이아 호플리테들은 페르시아 전열을 향해 행군했다. 2 스타데스(대략 400미터) 떨어진 곳에서부터 페르시아 궁수들의 사정거리 내에 들어갔고, 빗발치는 화살공격을 뚫고 돌격한다.

카라드라 강

오이노에

아테네

그리스군
밀티아데스

마라톤

120  마라톤 BC 490

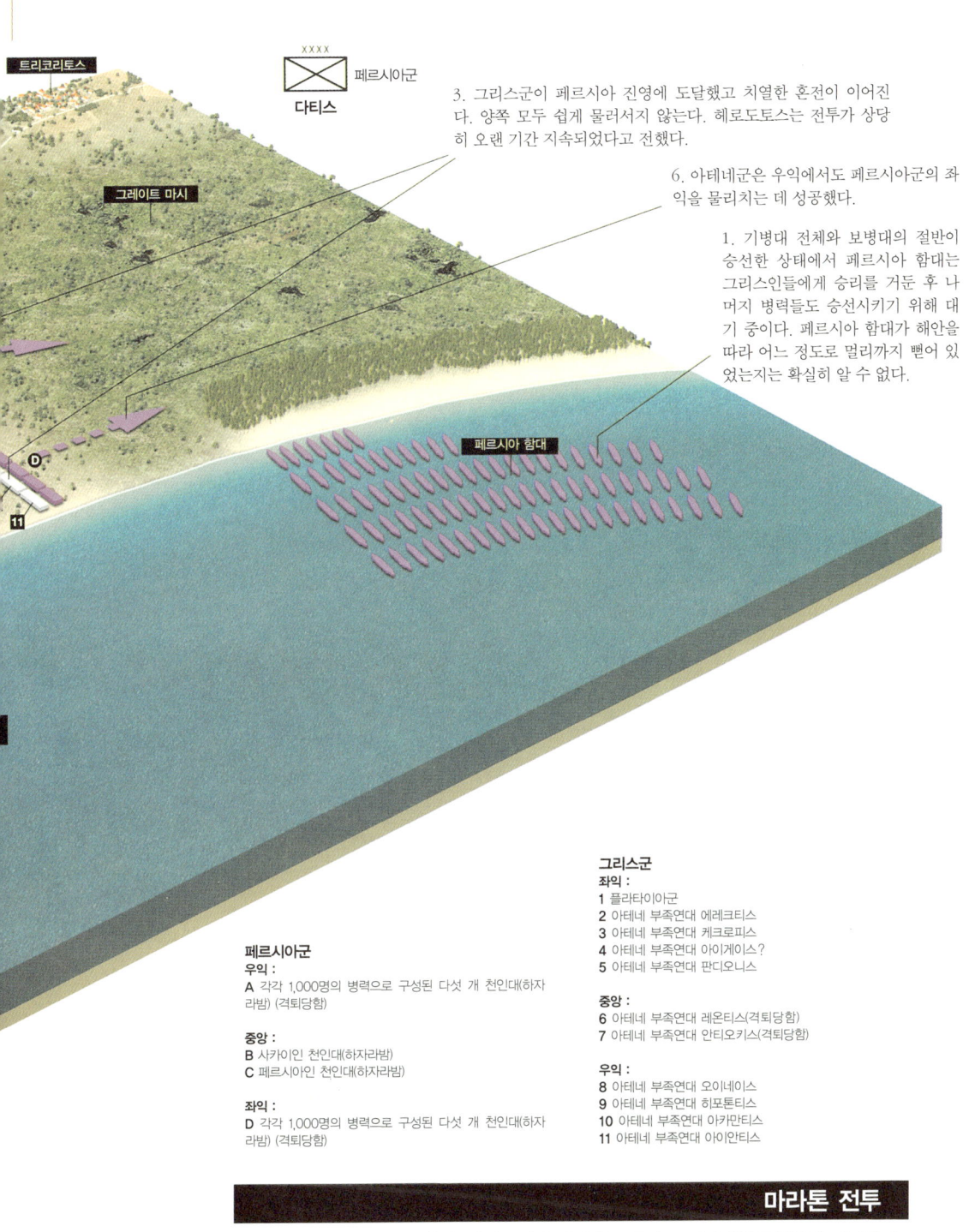

## 마라톤 전투

BC 490년 9월 11일 아침, 남서쪽에서 바라본 모습으로 아테네군의 돌격을 보여준다. 그리스인들은 양쪽 날개 모두에서 승리를 거두었으나 중앙은 무너졌다.

파나기아 메소스포리티사 교회의 마당에 위치하고 있다. 1829년 리크 대령이 처음 그 존재를 주장했으나 1965년 유진 밴더풀의 발굴 작업을 통해 비로소 확인되었다. 밴더풀은 대리석 기둥을 BC 460년경 키몬이 자신의 아버지에 대한 기억들을 미화하기 위해 만든 것으로 해석했다. 기둥으로 대체되기 전에는 전투 직후에 세워진 훨씬 단순한 형태의 전승 트로피가 있었을 것으로 보인다.

이 네 가지의 유적들 중 마라톤 전투 시의 지형을 복구하는 데에 가장 도움이 되는 것은 전승 트로피다. 그리스인들은 일반적으로 적군의 '등 돌리기(trope)' 행위가 처음으로 발생한 지점에 전승 트로피를 세웠다. 건축 자재를 구하기 위해 무너뜨리기 전, 원래 트로피는 탑이 있던 장소로부터 그리 멀지 않은 곳에 있었음이 분명하다. 파나기아 메소스포리티사 교회는 바다에서 1,500페이스(1,140미터) 떨어진 곳에 위치한다. 페르시아 전열은 공격을 받은 후 아테네 중앙 전열을 뒤로 밀어낸 것을 제외하고는 전투 중에 앞으로 전진하지 않았다. 따라서 전투 개시 시점의 페르시아군 전열은 좌익이 해안에 의지하고 우익이 파나기아 메소스포리티사 교회 인근 혹은 그보다 조금 더 앞에 늘어서서 그레이트 마시를 등지고 있던 형태를 취했다고 보는 쪽이 타당할 듯하다. 따라서 그리스군의 전열은 우익을 바다에 접하게 하면서 페르시아 전열과 남서쪽 1,500미터 가량 떨어진 지점에 그들과 평행하게 배치되어 있었을 것이다.

전투가 끝나고 부족연대 안티오키스는 포로들을 감시하고 시체를 수습하는 일을 하기 위해 현장에 남았다. 전투 중 안티오키스와 레온티스는 모두 그리스 전열의 중앙을 형성했던 부대로 페르시아인들과 사카이인들에게 밀려났다. 비록 일부 아테네인들은 돌격 중 페르시아 궁수부대의 활에 맞아 전사했지만 대부분의 전사자는 중앙의 두 부족연대들이 후퇴할 때 발생했다고 보는 것이 옳다. 일반적인 백병전, 특히 중장보병의 교전에 있어서 보병이 의기양양한 적들에게 등을 돌리는 행위는 사실상 무방비의 상태가 되는 것을 의미했다. 소로스의 실제 토분은 키몬에 의한 또 다른 건축물로 보이나 전투 직후 집단 매장이 있었던 장소였던 것 역시 분명하다. 소로스는 파나기아 메소스포리티사 교회로부터 남서쪽으로 3킬로미터 떨어져 있다. 그러나 바다로부터는 750미터 안쪽에 위치해 있었기 때문에 위치는 아테네군 중앙 전열의 출발선보다 훨씬 뒤떨어진 지점이 될 것이다. 실제로 헤라클레이온의 아테네군 야영지로부터 아테네군 공격 개시선의 중간에 해당하는 지점이었다. 어쩌면 후퇴 후 안티오키스와 레온티스가 재결집한 장소라고 하는 것이 가장 적합한 설명일지도 모르겠다. 그들은 이 장소에서 최초로 전사자들의 시신을 회수하는 어렵고도 불쾌한 일을 시작했는지도 모른다. 그리하여 훗날 바로 그 장소에 시신들이 묻히게 되었을 것이다.

이에 대한 반론으로 페르시아군의 것이 확실한 수많은 화살촉이 소로스에서 발견되었다는 점에 의문을 제기할 수 있다. 이것은 소로스가 페르시아 궁수의 사거리 안에 포함되었음을 의미한다는 주장의 근거가 될 수 있다. 이런 주장에 따른다면 주요 전투는 저자가 생각했던 것보다 훨씬 더 남서쪽으로 내려온 지점에서 이루어진 셈이 된다. 그러나 주 전장의 위치가 소로스에 가까워질수록 전승 기념물들이 세워졌던 유적지와는 멀어지게 된다. 따라서 BC 460년, 소로스를 만들기 위해 필요한 흙을 주변의 넓은 범위에 걸친 영역에서 끌어 모았을 것이라고 가정할 수 있다. 그 과정에서 30년 전 마라톤 전투에서 사용되었던 화살들이 화살대는 부패해서 사라지고 화살촉만 남은 상태에서 흙과 함께 운반되어 왔을 가능성이 있는데, 그 흙들이 실제 소로스의 위치보다 훨씬 더 북동쪽으로 올라간 장소인 아테네군의 돌격지점에 있었던 것일 수도 있다.

이 같은 의견들은 문서 자료들과 채색된 그림 유물들에 의거해 유추되었다. 저자의 생각에 그러한 자료들은 가장 정확한 증거들을 사용해 작성되거나 제작되었을 것이다. 그러나 독자들은 같은 증거를 가지고도 해석은 사람마다 다를 수 있다는 사실에 주목해야만 한다.


## :: 아테네군의 공격

전열이 갖추어지고 제물이 신을 만족시켰다고 판단되자, 아테네군은 속보로 돌격했다. 이러한 사실은 아리스토파네스의 희극 〈아카르나이 사람들(The Acharnians)〉(699)에 나오는 구절을 통해 확인이 되는데, 그것은 아카르나이 데모스(그리고 트리티스)에 소속되어 있던 '늙은 참전용사'의 합창이다. 합창에서 아카르나이인들은 마라톤 전투에서 자신들이 뛰었다고 회상했다.

헤로도토스(6.112)는 양측 전열 사이의 간격이 최소한 8스타데스였다고 기록했다. 스타데(stade)는 600피트이므로 전체 거리는 약 1.5킬로미터에 달하는 셈이다. 어떤 학자는 아테네인들이 이 긴 거리를 모두 달리지

한 중장보병이 달리며 공격하는 모습이 아티카 양식의 검게 채색된 암포라에 그려져 있다.
마라톤 전투가 있기 10년 전쯤에 그려진 것으로 보인다. 이러한 전술이 일반화되어 있었음을 증명한다. 여기에는 단 2열의 전열만이 나타나 있다.(뮌헨 고대 미술관 1510)

빗발치는 화살들 사이로 달리면서 돌진하는 호플리테. 마라톤 전투 직후 '오이노필레 페인터(Oinophile Painter)'가 '키야토스(Kyathos)' 위에 그린 그림. 비록 주제는 신화에 기초하나 마라톤에서 있었던 역사적인 돌진의 공포를 나타내고 있다.(대영 박물관 보관 E 808)

않고 페르시아 궁수부대의 사정거리 안에 들어섰을 때부터 달리기 시작했을 것이라고 추정했다. 맥로드(McLeod, 1970)는 고대 활의 사정거리와 관련된 여러 증거들을 수집했는데, 그에 따르면 당시 활의 사정거리는 "최소 160~175미터이며 350~450미터에까지 이르지는 못했다." 따라서 그리스인들은 적어도 200~300미터 떨어진 지점부터 화살로 인한 피해를 감수하며 달려야 했다. 저스틴(2.9)은 아테네군이 적으로부터 1,000페이스(4스타데스 또는 750미터를 약간 웃도는 거리) 떨어진 곳에서부터 달리기 시작했다고 기록하는 실수를 범했다.

달리면서 공격하는 방식은 몇몇 그리스 군대에게 일종의 전술로 도입이 되었는데, 그들은 페르시아 궁수부대의 사격을 뚫고 공격하는 상황을

마라톤 전투

125

예측하고 있었다. 갑옷 입고 달리기[호플리토드로모스(hoplitodromos)]는 또한 육상 경기의 하나이자 동시에 호플리테들이 갑옷 입고 달리기를 훈련시키는 수단으로 채택되었다. BC 520년 올림픽 경기와 BC 498년 피티아 경기(Pythian Games)부터는 갑옷 입고 달리기가 일종의 행사로 포함되었으며 처음에는 2스타데스(약 360미터)를 달렸다. 호플리테가 이보다 더 먼 거리를 달릴 수는 없었으므로 마라톤 전투에서도 아테네군은 페르시아 전선으로부터 2스타데스 떨어진 지점에서부터 달리기를 시작했을 것으로 추정된다. 실제로 맥로드의 증거들에 따르면 바로 이 거리가 페르시아 궁수부대의 사정거리에 들기 시작하는 위치였던 것으로 보인다. 갑옷 입고 달리기 경기를 하는 선수들은 방패와 투구, 정강이받이로 무장하고 있었으나 흉갑은 착용하지 않았다. 경기 시 정강이받이의 착용은 BC 450년부터 중단되었다. 어떤 이는 이에 근거해 공격 시 달리기를 하도록 결정이 내려지자 아테네 호플리테들은 자신의 흉갑을 헤라클레이온의 캠프에 두고 나왔을 것이라는 주장을 펼치기도 한다. 그러나 옥스퍼드 브리고스 컵에 나타난 호플리테들은 분명 흉갑을 착용하고 있었다.

헤로도토스(6.112)에 따르면 페르시아군은 소수의 그리스인들이 기병대나 궁수의 지원 없이 달려오는 것을 보고 그들이 미쳤다고 생각했다고 했다. 이러한 발언을 한 사람이 페르시아군 포로(Whatley, 135)이거나 히피아스와 동행한 그리스인들 중 한 명(Avery, 1972, 15 n.2)이라는 주장이 있다. 그러나 이것은 그리스인들이 상대방의 생각을 추측한 내용에 지나지 않는다는 의견이 더 신빙성이 높다.

| 혼전 |

아테네 전열과 페르시아 전열이 충돌했을 때 전투의 결과는 바로 결정되지 않았다. "논리적으로 생각해보았을 때 돌격으로 인해 아테네군의 대열이 엉성해졌고 그들이 페르시아군 제일선에 도착했을 무렵에는 숨이 가쁜

데다 몸이 균형을 잃은 상태였다(Grote, 276).” 헤로도토스(6.113)는 전투가 오랜 시간 지속되었다고 전했다. 그리스 호플리테의 전투는 대개 몇 시간이 아닌 몇 분 만에 신속하게 승패가 갈리곤 했다. 실제로 어떤 전열은 상대방 전열과 아예 접촉도 없었던 경우가 비일비재했다. 마라톤 전투에서는 양측이 모두 물러서지 않고 싸우는 쪽을 택했다. 창이 부러지자 그리스인들과 페르시아인들은 검을 들고 싸우기 시작했다(Aristoph., *knights*, 781). 그 결과 마라톤 전투에서 싸운 병사들이 초자연적인 환영을 보았다는 경험담이 여러 이야기 속에서 등장했다.

헤로도토스(6.117)는 쿠파고라스의 아들 에피젤로스(Epizelos)가 용맹하게 싸우던 도중에 실명했다고 기록했다. 그의 몸에는 거의 생채기 하나조차 없었으나 마라톤 전투 이후 죽을 때까지 실명한 상태로 살아야만 했다. 헤로도토스에 따르면 에피젤로스는 턱수염이 방패 전체를 뒤덮은 커다란 중장보병이 자신을 덮치는 장면을 보았다고 말하곤 했다. 이 유령이 그의 곁을 지나간 것은 사실이나 실제로 죽은 것은 그가 아닌 그의 옆에 있던 사람이었다. 플루타르코스(*Mor.* 305B)는 동일한 이야기의 약간 왜곡된 버전을 전하고 있다. 아무래도 에피젤로스는 전쟁으로 인한 육체적·정신적 스트레스 때문에 심신상관적 장애에 시달렸던 것으로 보인다.

헤로도토스는 아테네인들에게 제공된 수많은 초자연적 도움에 대한 이야기들을 일부러 제외시켰는데 당시 그가 살던 시대에는 그런 이야기들이 많이 떠돌았다. 그가 그런 이야기들을 기록하지 못한 이유는 그들이 마라톤 전투 이후에 전설처럼 첨가된 허구라고 여겼거나(How & Welles, 354), 단순히 본인이 그러한 이야기들을 믿지 않았기 때문일 수도 있다(Garland, 55). 플루타르코스의 말(*Theseus*, 35)에 따르면 마라톤 전투에 참가한 많은 병사들이 무장한 아테네 영웅 테세우스가 그들 앞에 서서 적군을 향해 달려가는 모습을 보았다고 생각했다고 한다. 이는 키몬이 자기 아버지에 대한 선전 운동의 일환으로 훗날 지어낸 이야기일 수 있다. 파우사

### 아테네군이 페르시아군 전선에 도달하다

페르시아 보병부대는 십진법에 따라 조직되었으며 10열 횡대로 진형을 형성했을 것이다. 10명으로 이루어진 종대 [다타밤(dathabam)]는 데쿠리온(decurion 아니면 dathpati?)이 지휘했으며 그는 창과 방패(스파라)를 들고 종대의 맨 앞에 섰을 것이다. 이들 간부들, 즉 스파라바라들이 방패를 세워서 방어벽을 형성하면 그들 뒤로 9줄로 늘어서 있는 궁수들이 활을 쏘았다. 그림 속의 페르시아 병사들은 모두 스파라바라들이며 그들은 옥스퍼드 브리고스 컵에 나타난 세 가지 유형의 페르시아 병사들에 기반을 두고 재현되었다. 아케메네스 왕조의 군대에는 각 천인대가 입었던 복장에 대한 증거들이 상당히 많이 존재한다. 그 결과로 우리는 이 그림에서 세 가지 종류의 의복과 장비 세트를 보여줄 수 있었다. 사실, 서로 다른 천인대에 속한 페르시아 병사들이 동일한 복장을 입고 있었다면, 우리는 그림에서처럼 세 가지의 다른 천인대에 속한 병사들이 서로 뒤섞여 있어도 그들을 식별할 수 없었을 것이다. 그림 속의 인물들 중 다수는 옥스퍼드 브리고스 컵에서 나타난 형태에 기반을 둔 스파라(1)를 소지하고 있으며 그 외에도 고고학적 발굴에서 찾은 유물들에 기반을 둔 다른 형태의 스파라들이 보인다(2). 대부분의 페르시아인들은 복합 흉갑을 착용하고 있으며 그것은 우리에게 익숙한 그리스 흉갑과 비슷하다(3). 사실 그리스의 복합 흉갑의 원형은 동양에서 유래되었을 것이다. 다른 페르시아인들은 형태가 또 다른 유형의 흉갑(4)을 착용하고 있는데 그것은 외형상 중세의 '잭'을 연상시키며 아마도 비슷한 형태적 구성을 갖고 있었을 것으로 보인다. 스파라바라 중 어떤 이들은 자신의 창을 잃어버리고 코피스 형태의 검으로 싸우고 있다(5). 반면에, 아테네인들은 보다 다양한 외관을 지니고 있다. 아케메네스 왕조의 편에서 싸우는 용병들과 달리, 아테네 시민들은 자신의 장비를 각자 자비로 구입해야만 했다. 따라서 코린트(6), 아티크(7) 그리고 심지어 일리리아(Illyria)(8)식 투구를 착용한 중장보병들을 볼 수 있다. 또한 그들이 방패에 새긴 문장들 속에도 통일성이 없다. 전반적으로, 마라톤 시기를 기점으로 복합 흉갑들이 근육 모양의 흉갑(muscle cuirass)들을 대체했다. 페르시아군을 향해 돌격 명령이 떨어졌을 때 아테네인들이 자신의 흉갑과 정강이받이를 야영지에 두고 나온 상태였을 가능성도 있다. 그러나 이러한 가정을 뒷받침할 만한 증거는 없으며 실제로 후기 아르카이크(Archaic) 기(期)의 화병들은 호플리테들이 돌격할 때 장갑을 완벽하게 착용했음을 보여주고 있다. 그 시대에는 정강이받이의 끝부분에 다리의 피부가 굵히는 일을 방지하기 위해 가터(양말대님)를 착용하는 것이 일반적이었다(9). 아마 가터는 일반적인 경우보다 마라톤 전투에서 더욱 그 필요성이 절실했을 것이다. 아테네 호플리테가 정강이받이를 착용하고 수백 미터를 달렸기 때문이다.(그림 : 리처드 후크)

데모스테네스(59.94)는 채색 주랑에 그려진 마라톤 관련 그림 속에서 보이오티아 투구로 플라타이아인들을 식별할 수 있다고 진술했다. 보이오티아 투구란 테가 넓은 보이오티아 펠트 모자의 모양을 본뜬 것이다. 이러한 종류로 유일하게 보존된 투구는 그 기원이 BC 4세기까지 거슬러 올라간다. 그러나 사진과 같이 돌에 조각된 조상(彫像)은 BC 5세기의 것으로 추정된다.(Peter Fraser)

니아스(1.32.5)가 전하는 에케틀로스(Echetlos)의 전설은 그러한 점에서 볼 때 더욱 이해하기가 어렵다. 전투 도중 시골촌로의 행색을 한 어떤 남자가 나타나 쟁기로 페르시아인들을 닥치는 대로 학살했다고 했는데 전투 후에는 그의 종적조차 찾을 수 없었다는 것이다. 전투가 끝나고 아테네인들은 신탁을 듣기 위해 델포이로 갔다. 아폴론은 그들에게 에케틀라이오스(Echetlaios), 즉 '쟁기를 손에 든 자'를 영웅으로 숭배하라고 명했다. 아엘리아누스(NA 6.38)의 말에 따르면 한 아테네 병사는 자신의 개를 데리고 전투에 참가했는데, 이 모습이 채색 주랑(柱廊, Painted Stoa)에 묘사된 아테네 전투의 그림에도 등장한다고 했다.

페르시아 전열의 중앙은 승리했다. 이는 페르시아인들과 사카이인들로 구성된 정예부대가 그곳을 담당하고 있었기 때문이다. 페르시아의 정예부대는 창병으로 좌우 양익에 배치된 궁수나 방패병과 달리 백병전을

전투가 있은 지 30년 후에 그려진 그림이지만 호플리테의 방패 위에 있는 황소 머리는 마라톤 전투 참전용사임을 나타내기 위해 의도적으로 추가한 것으로 보인다. 그림의 병사는 보이오티아 투구를 쓰고 있으며 따라서 좌익에서 싸운 플라타이아인들 중 한 명인 듯하다. 그는 창으로 페르시아 궁수의 견갑과 흉갑 사이를 찌르고 있다. 화병의 반대편에는 또 다른 궁수가 겁에 질린 채 그레이트 마시로 달아나고 있다. [바젤 고대미술관, inv. BS 480, 사진: 클레어 니글리(Claire Niggli)]

염두에 둔 무장을 하고 있었을 것이다. 그들은 또한 아테네 전열 중앙의 약화된 부족연대들을 상대로 싸웠다. 플루타르코스(Arist. 5.3)는 레온티스와 안티오키스, 이 두 부족이 가장 강한 공격을 받았다고 언급했다. 만일 그들이 4열 횡대로 늘어섰다면 450열에 이르는 정면을 담당해서 10열 횡대로 구성된 약 네 개 내지 다섯 개의 페르시아 천인대와 싸워야 했을 것이다. 플루타르코스는 페르시아 전열이 가장 오래 버틴 곳이 바로 중앙이라고 말하는 반면, 헤로도토스는 중앙에서는 페르시아인들이 사실상 승리했으며 그들은 아테네 전열을 붕괴시키고 (아그리엘리키 산 방향으로) "내륙으로 그들을 추격했다"고 말했다. 앞서 이야기했듯이, 패주한 두 부족연대들은 소로스 지역에서 간신히 멈출 수 있었던 것으로 보인다.

좌우 양익에 있던 아테네인들과 플라타이아인들은 승리를 거둠으로써 적을 달아나게 만들었다. 훗날 트로파이온(tropaion) 또는 무기로 만든 트로피(전통적으로 적이 '등을 돌린' 장소에 세워졌다)가 있었다는 위치를 고려했을 때 페르시아 전열을 최우익으로부터 제일 먼저 붕괴시킨 부대는 플라타이아인들이었던 것 같다. 파우사니아스(1.32.7)는 페르시아군은 전열이 흐트러지자 대부분의 병사들이 호수나 늪지에 빠져 부대 전체가 큰 손실을 입었는데, 이는 페르시아 병사들이 마라톤 지리를 잘 몰랐기 때문에 벌어진 일이었다고 했다. 파우사니아스(1.15.3)는 채색 주랑에 있는 그림의 중앙에 적군들이 패주하며 서로 습지로 밀려들어가는 모습이 나타나 있다는 점을 자신의 주장에 대한 증거로 삼았다.

혼동을 초래할 수 있는 표현을 통해 헤로도토스(6.113)는 아테네 전열의 양익은 적군이 도주하게 놔두는 대신 양익이 서로 연계해 자신의 전열 중앙을 붕괴시킨 페르시아군과 싸웠다고 말했다. 헤로도토스의 말은 아테네군이 진형을 유지한 채 새로운 방향으로 선회한 다음 페르시아군의 중앙전열을 향해 안쪽으로 진격했다는 뜻일까? 이처럼 복잡한 기동은 당시 그리스 군대가 받았던 훈련의 수준을 넘어선다. 아마 그는 진형의 모양은 제대로 갖추지 않은 채 병사들이 독립적으로 수행했던 행동을 전체적인 관점에서 묘사했던 것일 수도 있다. 아마도 자신의 독자적 판단으로 병사들이 무리지어 페르시아군의 배후로 몰려간 것이 아닐까? 어느 쪽이든 아테네군이 승리한 것만은 틀림이 없다. 페르시아군이 도주하자 그리스군은 그들을 살상하며 추격전을 전개했고 결국 해안까지 도달했다.

## 함대 인근에서 벌어진 전투

전투는 이제 해안가로 옮겨졌고 그곳에서는 페르시아의 마지막 함선들이 바다로 빠져나가고 있었다(Hdt., 6.115). 아이안티스 부족연대가 함대 전투에 가장 깊이 관여했다. 아이안티스가 아테네 전열에서 오른쪽 끝에 위

옥스퍼드 브리고스 컵의 안쪽에는 중년의 턱수염을 기른 전사 두 명이 같은 무덤에서 일어서는 모습이 나타나 있다. 쇠시리(나무의 모서리나 표면을 도드라지거나 오목하게 깎아 모양을 낸 것—옮긴이)는 장소가 제단임을 나타낸다. 이들은 서로 등을 보이고 있는 상태에서 교전을 벌이기 위해 검을 빼고 있다. 아마도 그들은 다시 한 번 아테네를 지키기 위해 무덤에서 부활하는 두 명의 마라톤 전투 영웅이라는 주장이 제기되고 있다. 이 두 영웅은 유일하게 사망한 두 명의 장군, 폴레마르크 칼리마코스와 스트라테고스 스테실레오스로 추정된다. 두 사람은 페르시아 함대 근처에서 싸우던 중 전사했다.

치하고 있었기 때문에 이들이 가장 먼저 페르시아 함대의 정박지에 도달했다는 사실은 양군의 전열이 해안과 평행하지 않고 직각을 이루고 있었다는 주장을 확인시켜주는 셈이다. 페르시아 함대는 3킬로미터 길이의 스코이니아스 해변 전체를 덮으며 정박 상태에서 전투의 생존자들이 승선하기를 기다리고 있었다. 배를 사이에 두고 양측이 벌인 전투는 마라톤 해안 남서쪽 끝, 페르시아군 좌익이 원래 있던 위치에서 뒤로 얼마 떨어지지 않은 지점에서 벌어져 이곳에 있던 페르시아 함선들이 바다로 후퇴할 수 있는 시간적 여유가 없었다.

폴레마르크인 칼리마코스는 이곳에서 '자신이 훌륭하고 진실된 사람임을 증명하고' 전사했다(Hdt., 6.114). 플루타르코스(*Mor.* 305B)는 칼리마코스의 몸에는 창에 찔린 자국이 몇 군데나 있었으며 숨이 끊어진 상태에서도 몸이 똑바로 서 있었다고 전한다. 아이안티스 부족연대에 속했던 것

함대 인근에서 벌어진 전투가 로마 석관(石棺)에 나타나 있다. 우측에는 부상자들을 배에 태우려는 페르시아인들의 모습이 보이고 중앙에는 아이스킬로스가 죽어가는 그의 형제 키네게이로스를 두 팔로 잡고 있다. 좌측에는 페르시아인이 말에서 끌려 떨어지고 있다. 왼쪽의 무장하지 않은 페르시아인이 아테네 호플리테의 다리를 무는 모습과 말에서 끌어내려지는 기수(장교?)의 모습에서 전투의 잔인성이 드러난다.(브레시아 고고학 박물관)

으로 보이는 트라실레오스의 아들이자 스트라테고이 중 한 명인 스테실레오스 또한 이곳에서 전사했다(Hdt., 6.114). 아테네인들은 이렇게 소리쳤다. "횃불을 갖고 오라. 배를 정지시켜라." 그러나 횃불을 갖고 오라고 해봐야 그것은 실현 가능성이 거의 없었다. 불을 구할 수 있는 곳은 가장 가까운 곳이 수 킬로미터 떨어진 아테네군 야영지뿐이었다.

이제 전투는 서사적 수준에 도달했으며 호메로스(Homeros)가 묘사한 함선 인근의 전투 장면과 유사성을 띠게 되면서 마라톤 전투의 참가자들에게는 결코 잊을 수 없는 기억이 되었을 것이다. "헤로도토스는 이 부분을 기록하면서 대단히 호메로스적인 서사적 태도를 취했다. 그는 무의식 중에 헥토르(Hector)가 그리스군의 함선을 손으로 붙잡고 불을 지르라고

마라톤 전투

그리스 함선을 점령하기 위해 싸우고 있는 트로이인들의 서사적 전투. 그리스의 영웅, 아이아스(Ajax)가 배를 지키고 있는 장면이 호메로스의 『일리아드(Iliad)』 15권과 사진의 그림처럼 암포라에 묘사되어 있다. 그로트(277)는 마라톤의 전투가 함선 부근으로 이동했을 때 비극 시인 아이스킬로스가 단연코 이 장면을 머릿속에 떠올렸을 것이라고 말했다.(뮌헨 고대미술관 3171 – J. 890)

소리치던 역사적 순간과(*Il.*, 15. 718) 이 사건을 동일시하고 있다[J. R. Grant, *Phoenix* 23(1969), 264]."

    에우포리온의 아들 키네게이로스는 페르시아 함선들 중 한 척의 시창(배의 고물머리에 깐 작은 마루—옮긴이)을 붙잡았는데 적군의 도끼에 팔이 잘려나갔다. 그는 '다른 많은 유명한 아테네인들'이 그러했듯이 그로 인해 죽음을 맞이했다. 손을 하나 잃은 것이 근대의 전투에서는 치명적인 부상이 아닐 수 있으나 고대에는 과도한 출혈을 막을 수 있는 방법이 없었다. 키네게이로스도 분명 피를 너무 많이 흘려 죽었을 것이다. 아마도 그는 형제인 아이스킬로스가 지켜보는 가운데 그의 품 안에서 죽었던 것으로 보인다. 저스틴(2.9)은 함선에서 키네게이로스가 보여준 영웅성을 과장되게 기록했는데, 그에 따르면 키네게이로스는 오른쪽 손을 잃자 왼손으로 함선을 붙잡았다. 그것마저도 잘려버리자 이번에는 이로 함선을 물었다는 것이다. 저스틴은 그가 "불구가 되었음에도, 자신의 이빨로, 마치 거친 야수처럼, 끝까지 싸웠다"고 전하고 있다. 저스틴은 양팔을 잃은 상태

알크마이온 가문 아리스토니모스의 아들 칼릭세노스의 이름이 새겨진 도편. 글씨가 깨져 있으나 분명 그를 '프로도테스(prodotes)', 즉 반역자라 부르고 있다. 그는 아테네에서 벌어진 친페르시아 음모의 주동자로 가장 유력한 후보다.(미국 고전연구학회 아테네 지부, 아고라 유물, inv. P. 3786)

에서 그가 어떻게 이로 함선을 붙잡는 동시에 적과 싸울 수 있었는지는 설명하지 못했다.

아테네군은 페르시아 함선 7척을 나포하는 데 성공했다. 파우사니아스(1.15.3)는 채색 주랑에 있는 그림의 끝부분에 페니키아 함선들과 그리스인들을 묘사하고 있으며, 그리스인들은 자신들을 향해 몰려오는 외국인들을 죽이고 있다고 전한다. 아테네인들은 페르시아군이 3단 노 갤리선에 승선할 때 상당히 많은 수의 적군을 죽인 것으로 보인다. 크테시아스(18)는 다티스가 전사자들 중 한 명이었으며 아테네인들은 그의 시신을 적에게 넘겨주지 않았다고 진술했다. 그러나 그의 말은 분명 잘못되었다. 헤로도토스가 훗날 미코노스 섬에서 꿈을 꾸는 다티스에 대해 언급하고 있기 때문이다. 키케로(*ad Atticum*, 9.10.3)와 저스틴(2.9)은 히피아스 또한 전투 중에 사망했다고 주장하나, 이것 또한 잘못된 정보로 보인다. 크테시아스(18)와 『수이다스』(*Hippias* 2)는 그가 훗날 렘노스 섬에서 죽었다고 주장하기 때문이다.

## 방패 신호

헤로도토스(6.115)는 "아테네에 근거 없는 소문이 퍼졌었다"고 기록했다. 소문의 내용은, 페르시아인들이 알크마이온 가문(Alkmaeonids)이 보낸 신호를 보고 아테네를 기습하려고 생각했었다는 것이다. '들리는 말에 따르면' 알크마이온 가문은 페르시아인들과 사전 약속에 따라 함선에 타고 있던 페르시아인들에게 방패를 들어 신호를 보냈다고 한다. 헤로도토스가 반역자들이 방패를 들었다고 할 뿐 그것으로 신호를 보냈다고 기록하지 않은 점에 주목할 필요가 있다. 실제로 볼록한 호플리테 방패로 빛을 반사해 신호를 보내는 일은 불가능하다(Hodge, 2001).

헤로도토스는 알크마이온 가문을 반역죄로부터 변호하는 일에 적극적이었는데 그럼에도 불구하고 방패가 보였었다는 사실에는 의심의 여지가 없다고 말했다(6.124). 헤로도토스의 변호성 발언에도 불구하고 알크마이온 가문은 분명 히피아스와 페르시아인들에 협력하며 아테네에서 '제5열'을 조직했다. 방패를 보인 사람은 아마 알크마이온 가문 아리스토니모스(Aristonymos)의 아들 칼릭세노스(Kallixenos)였을 것이다(Bicknel, 434 n.57). 그의 이름이 BC 480년대의 도편에서 많이 등장하기 때문이다. 그 중 한 도편에는 '반역자'라는 글자가 적혀 있다. 또 다른 알크마이온 가문의 반역자에는 히포크라테스(Hippokrates)의 아들 메가클레스(Megakles)가 있다. 그는 BC 487/486년에 추방당했다. 아리스토텔레스(*Ath. Pol.*, 22.6)에 따르면, 그 시기는 아테네인들이 '참주의 친구들'을 도편 재판으

칼릭세노스를 지목하는 두 번째 도편. 여기에도 또한 '반역자'라는 '노골적인 표현'이 적혀 있다.

로 추방하기 시작했던 때로, 이러한 도편 추방은 그 후로도 3년간 계속되었다.

 신호는 사전에 협의된 간단한 의미를 가지고 있었을 것이다. 대부분의 권위 있는 현대 학자들은 아테네를 칠 시기가 왔으며 페르시아군이 이제 행동을 개시해도 된다는 의미를 가지고 있다고 주장한다. 그러나 이는 논리적으로 맞지 않는다. 신호를 보냈을 때 이미 페르시아군은 함선에 승선하고 있었기 때문이다. 반대로 계획이 실패했다는 의미로 신호를 보냈다는 의견도 있다. 알크마이온 가문이 반역자였는지 아니었는지를 놓고 실제 아테네에서 벌어졌던 혼란은 '만일 그들의 음모가 실현되지 않았다고 가정한다면 더 쉽게 소동의 원인을 설명할 수 있다(Reynolds, 102~103).' 상황이 이렇게 된 시점에서 페르시아의 작전 계획에 핵심적인 요소로 작용하는 변수는 스파르타 군대의 활동이다. 그들이 출발했는지, 그리고 언제 아테네에 도착하는지, 어쩌면 이러한 내용들이 신호를 통해 전달되었

2. 좌익과 우익을 형성하던 아테네 병사들이 무리를 지어 페르시아군과 사카이군을 배후에서 공격하는 데 성공하다. 페르시아인들이 어느 방향으로 도망갔는지는 확실하지 않다.

3. 패주하던 아테네의 안티오키스와 레온티스 부족연대가 훗날 소로스가 세워진 이 지역에서 후퇴를 멈춘 것으로 보인다. 휴식을 취하고 전열을 가다듬은 다음 아테네군들의 시신을 수습하기 위해 전장에 남았다. 이로써 왜 이곳에 아테네인들의 매장지가 생겼는지 설명이 된다. 페르시아 전열의 중앙이 이처럼 깊은 내륙까지 진출했다거나 이 지역에서 큰 전투가 벌어졌을 가능성은 희박하다.

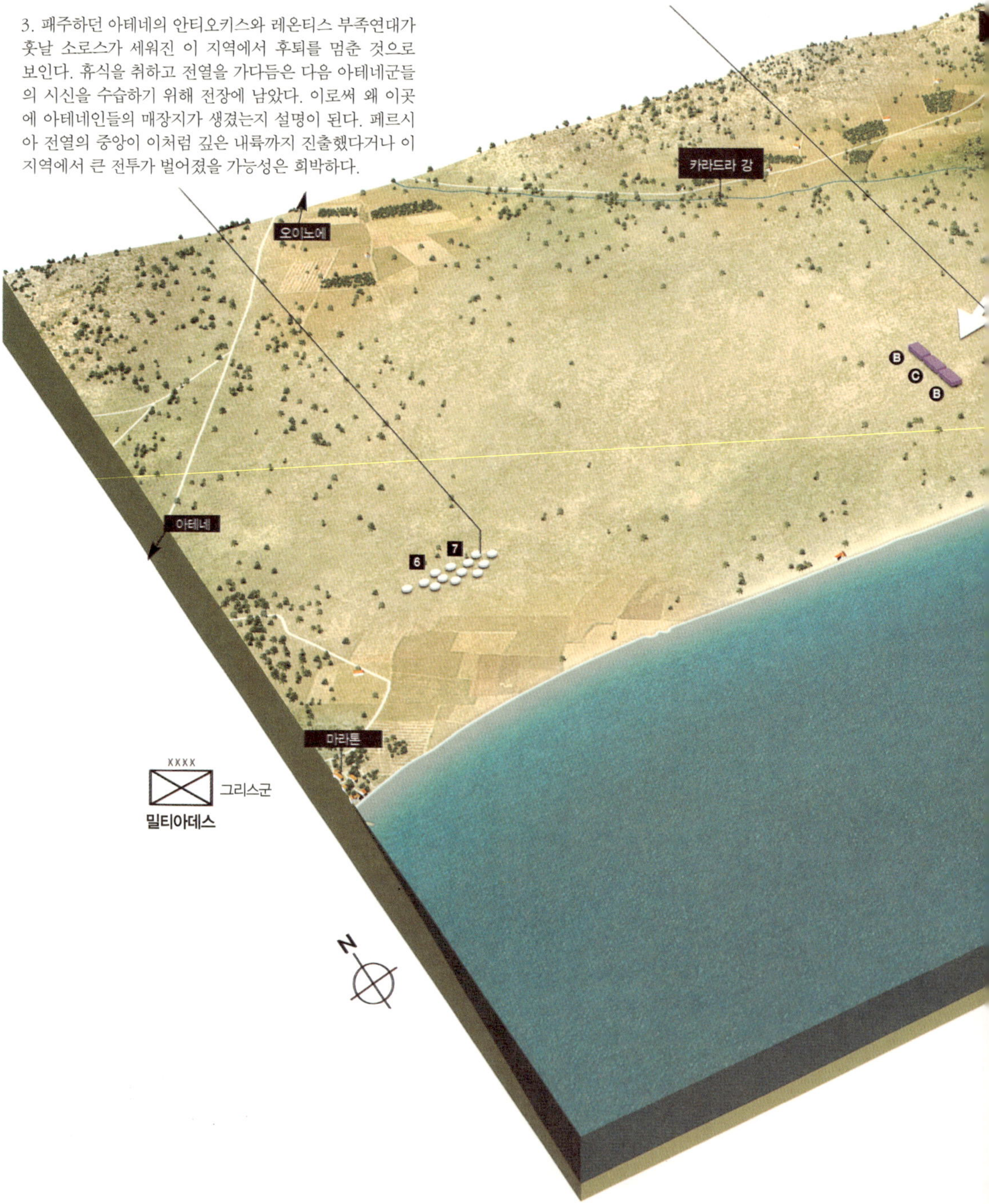

카라드라 강

오이노에

아테네

마라톤

xxxx
그리스군
밀티아데스

140

마라톤 BC 490

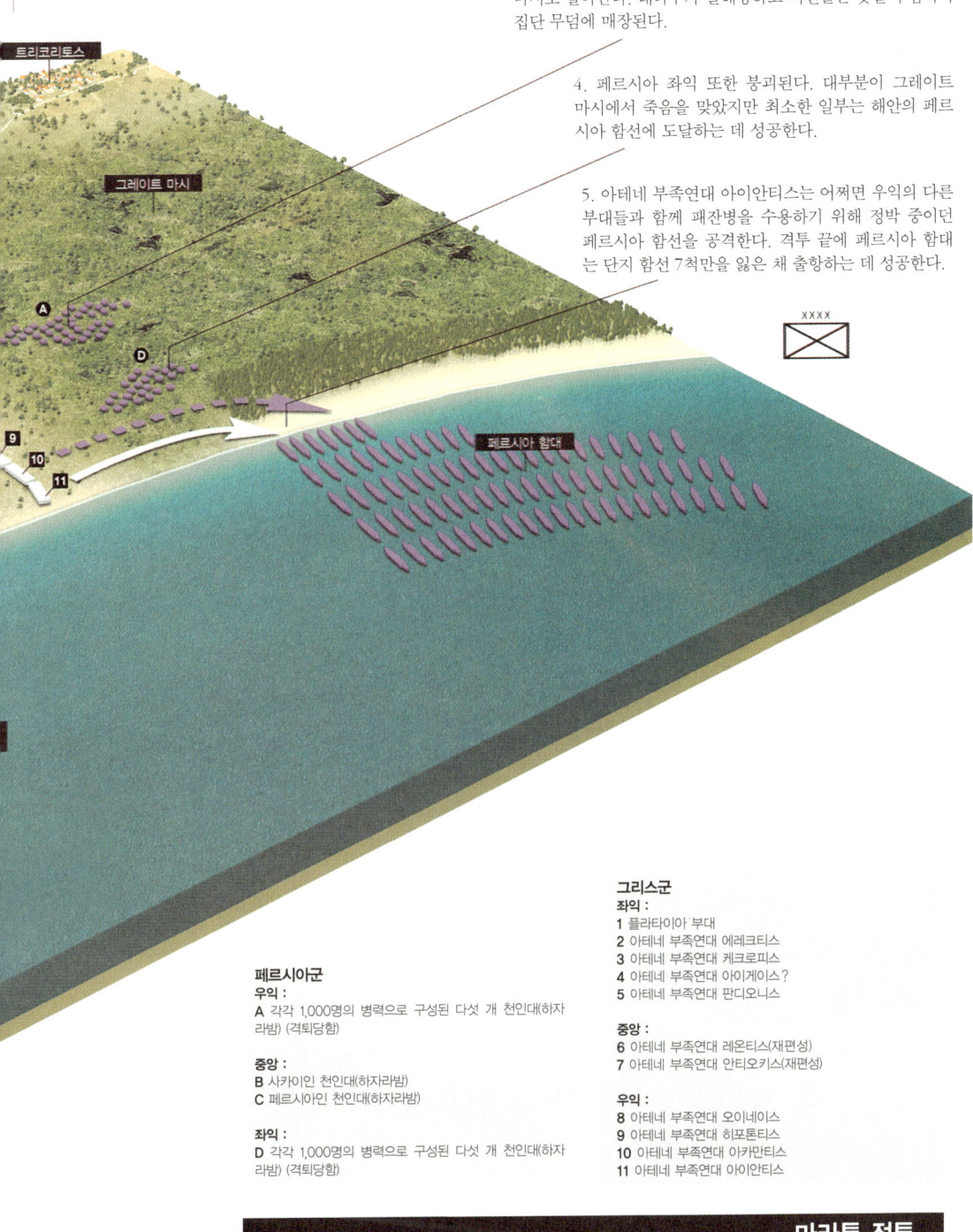

1. 페르시아 우익이 안전한 함선으로 철수하지 못하고 그레이트 마시로 달아난다. 대다수가 살해당하고 시신들은 훗날 수집되어 집단 무덤에 매장된다.

4. 페르시아 좌익 또한 붕괴된다. 대부분이 그레이트 마시에서 죽음을 맞았지만 최소한 일부는 해안의 페르시아 함선에 도달하는 데 성공한다.

5. 아테네 부족연대 아이안티스는 어쩌면 우익의 다른 부대들과 함께 패잔병을 수용하기 위해 정박 중이던 페르시아 함선을 공격한다. 격투 끝에 페르시아 함대는 단지 함선 7척만을 잃은 채 출항하는 데 성공한다.

**페르시아군**
**우익:**
A 각각 1,000명의 병력으로 구성된 다섯 개 천인대(하자라밤) (격퇴당함)

**중앙:**
B 사카이인 천인대(하자라밤)
C 페르시아인 천인대(하자라밤)

**좌익:**
D 각각 1,000명의 병력으로 구성된 다섯 개 천인대(하자라밤) (격퇴당함)

**그리스군**
**좌익:**
1 플라타이아 부대
2 아테네 부족연대 에레크티스
3 아테네 부족연대 케크로피스
4 아테네 부족연대 아이게이스?
5 아테네 부족연대 판디오니스

**중앙:**
6 아테네 부족연대 레온티스(재편성)
7 아테네 부족연대 안티오키스(재편성)

**우익:**
8 아테네 부족연대 오이네이스
9 아테네 부족연대 히포톤티스
10 아테네 부족연대 아카만티스
11 아테네 부족연대 아이안티스

## 마라톤 전투

BC 490년 9월 11일, 남서쪽에서 바라본 전경. 페르시아 군대의 파멸과 함선 부근에서 벌어진 전투를 나타낸다.

는지도 모를 일이다.

다티스는 아테네가 방심하고 있을 때 공격을 시도해야 한다고 결정을 내렸다. 아테네 군대는 전투가 끝나 지치고 흐트러진 상태이고 아테네로 회군하는 데 시간이 많이 걸려 페르시아 함대보다 먼저 아테네에 도착하지 못할 수도 있었다. 게다가 아테네인들이 피곤하고 지친 상태로 두 번째 전투를 치르는 모험을 감수할 수 있을까? 비록 아테네 전사자의 수는 192명에 지나지 않았지만(Hdt., 6.117), "부상자를 합친 전체 사상자 수는 적어도 전사자의 다섯 배에 이를 터였다. 한 부족연대는 아마도 전장에 남아 있었을 것이고, 플라타이아인들이 아테네로 돌아왔다는 기록은 어디에도 없다. 게다가 전투는 대단히 힘들었고 이어서 아침까지 행군해야만 했으므로 아테네인들은 극도로 피곤한 상태일 것이 분명했다. 그에 비해 함선에 대기 중이던 페르시아인들은 힘이 넘쳤다."(Reynolds, 102).

## :: 팔레론을 향한 경주

페르시아의 주력 함대는 마라톤 만을 빠져나와 아이길리아 섬으로 항해했다. 그곳에서 에레트리아 포로들을 수용한 다음 다시 수니온 곶으로 항해에 나섰다. 헤로도토스(6.115)의 기록에 따르면 그들은 아테네군보다 먼저 아테네에 도착하기를 원했다.

페르시아 함대가 팔레론에 도착하기까지 얼마만큼의 시간이 소요되었는가에 대해서는 의견이 분분하다. 수니온 곶을 돌아 마라톤에서 팔레론에 이르는 거리는 약 100킬로미터다. 가장 최근에 측정된 바에 따르면 3단 노 갤리선 한 척이, 최대한 적게 보았을 때, 약 10시간 만에 이 거리를 이동할 수 있다(Lazenby, 74). 마라톤 전투로부터 10년 뒤 페르시아 함대가 에우보이아의 에우리푸스 해협에서 팔레론까지 도달하는 데 3일이 걸렸다(Hdt., 8.66). 그러나 당시 그들은 서둘러 항해하지 않았으며 기상 상태가 어떠했는지에 대해서는 알려진 바가 없다.

플루타르코스(*Arist.*, 5.4)의 기록에 따르면, 아테네군이 페르시아군을 함대 쪽으로 밀어붙였을 때 그들은 페르시아 함대가 키클라데스 제도를 향하는 것이 아니라 '육지를 향해 부는 바람과 파도에 밀려 아티카로 흘러가고 있음'을 깨달았다. 다시 말해 수니온 곶을 향해 강한 바람과 높은 파도가 치고 있었던 것이다. 플루타르코스가 묘사하는 이 바람은 고대인들에게는 에테지안(Etesian), 현대인에게는 멜테미(Meltemi)로 알려져 있는 9월 초에 부는 계절풍이다(Hodge, 1975, 99).

항해 시간을 계산하는 문제는 더 복잡한 변수들을 고려해야 한다. 혹시 그 전날 일부 함대가 먼저 출발하지는 않았을까? 그들은 가장 기동성이 좋은 배만 보냈을까 아니면 느린 수송선들까지 대동했을까? 기상 상태는 어땠을까? 아마 페르시아 함대가 배를 돌리는 것을 본 아테네인들도 이와 같은 질문을 던졌을 것이다. 그들은 최대한 빨리 아테네로 돌아가야만 했다. 물론 페르시아군이 아테네에 벌써 도착하지 않았다는 가정 하에 말이다.

최근의 여러 자료들을 살펴보면 아테네에 승리의 소식을 전하기 위해 전령이 먼저 파견되었다는 사실을 알 수 있다. 플루타르코스(*Mor.*, 347C)에 따르면 헤라클레이데스 폰티코스(Herakleides Pontikos)는 에로이다이(Eroidai)의 테르시포스(Thersippos)가 바로 그 전령이었다고 말했다. 그러나 대부분의 역사학자들은 에우클레스(Eukles)가 '완전 무장 상태로' 도시까지 달려갔다고 본다. 그는 아테네 정부건물 입구에서 "만세, 우리가 승리했다!"라는 말만을 남긴 채 숨졌다. 루치안(Lucian)의 말에 따르면(*Pro Lapsu*, 3), 필리피데스가 아르콘들에게 "기뻐하시오, 우리가 이겼습니다"라고 외치고 사망했다고 한다. 이처럼 의견이 분분한 가운데 프로스트(Frost, 1979)는 전령은 존재하지 않았다는 주장까지 펼치기도 했다.

마라톤에서 아테네까지 육상 경로는 현대 마라톤 경기의 거리보다 약간 더 짧았다(제2회 런던 올림픽부터 마라톤 구간이 버킹엄 궁전의 발코니 앞을

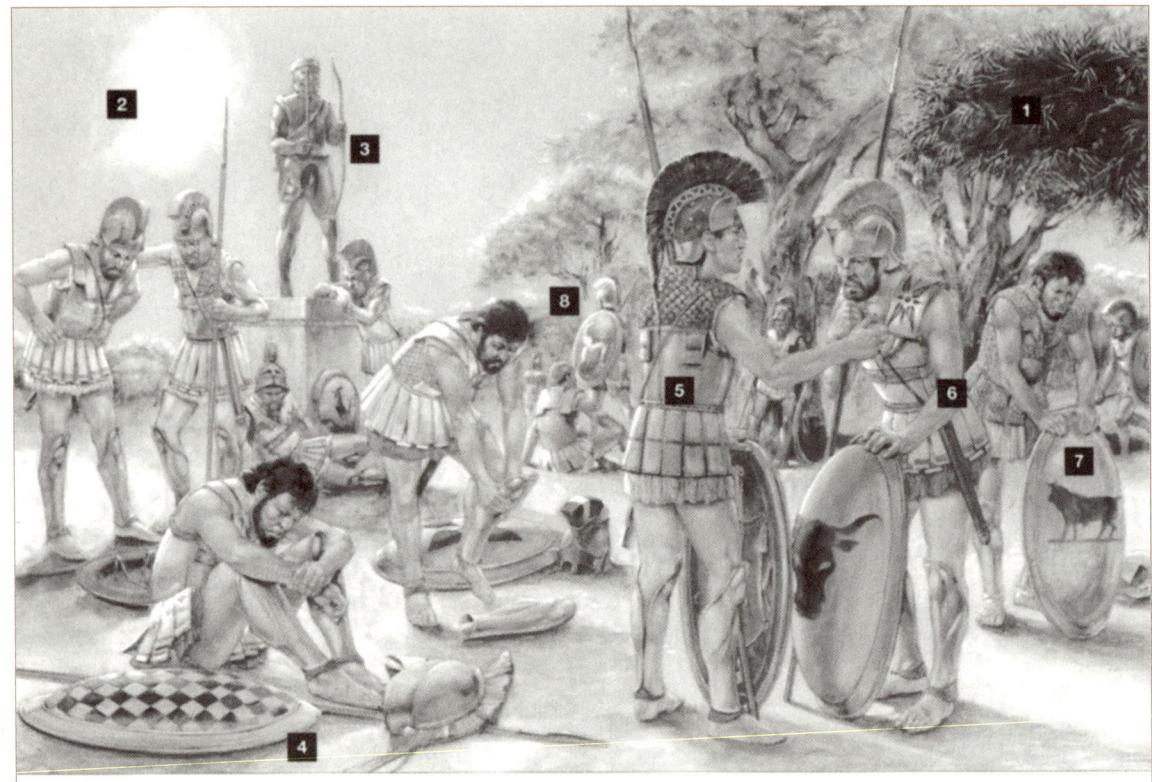

## 아테네인들이 키노사르게스의 헤라클레이온에 도착하다

헤로도토스가 '오랜 기간' 지속되었다고 말했던 마라톤 전투 이후, 그리스인들은 그들의 승리를 기뻐할 여유를 오래 누리지 못했다. 피로한 군대가 재편성되자마자 페르시아 함대가 도착하기 전에 먼저 아테네에 도착하기 위해 서둘러 귀환행군을 시작해야만 했다. 페르시아인들보다 아테네에 먼저 도착한 그들은 키노사르게스의 헤라클레스 신전에서 야영했다. 격렬하게 싸웠던 전투와 돌격으로 기력이 소진되어 있던 차에 이 행군으로 아테네인들은 물리적으로나 정신적으로 지칠 대로 지쳐 있었다. 그러나 그러한 피로는 자신들이 헤라클레스적인 노력으로 도시를 안전하게 지켰다는 사실을 알게 되면서 완화되었다. 키노사르게스의 헤라클레스 신전은 현대도시 아테네의 아래에 위치하고 있었으며 마라톤 전투 시절의 옛 모습에 대해서는 거의 알려진 바가 없다. 성소는 아마도 사원을 둘러싼 신전 관할구역(temenos)을 포함하고 있었으며 아테네 군대를 수용할 정도로 넓었던 것으로 보인다. 성스러운 올리브 숲(1) 또한 포함되어 있었을 가능성이 높다. 해는 졌지만 야영장은 이제 막 이지러지기 시작한 그리스 음력 메타게이트니온의 달이 밝히고 있다(2). 헤라클레스 동상(3)의 기초는 아르카이크의 청동으로 만들어져 있으며 그것은 지금 카셀(Kassel)에 보관되어 있다. 동상의 원본은 스파르타인의 작품으로 파우사니아스(3.15.3)가 언급했던 스파르타의 헤라클레스 신전에 있는 갑옷 입은 헤라클레스 동상을 모방한 것일 수 있다. 하지만 양쪽 동상을 비교할 만한 증거는 남아 있지 않다. 아테네 호플리테가 착용하고 있는 갑옷들은 복합 양식으로 되어 있는데 우리는 옥스퍼드 브리고스 컵과 로마 골동품 시장에서 분실된 화병의 그림으로부터 얻은 정보에 바탕을 두고 갑옷을 재구성했다. 그림의 왼쪽 아래에 눕혀져 있는 방패(4)에 주목하기 바란다. 그것은 41쪽에 보였던 방패를 그대로 그린 것이다. 방패 표면의 다이아몬드 무늬는 이것 또한 복합 구조로 이루어져 있음을 보여준다. 그림의 오른쪽 중앙의 인물(5)은 그것이 40쪽에 나타났던 인물을 재현해서 보여주려 시도했기 때문에 특히 주목해주기 바란다. 갑옷 등판의 위쪽에 있는 청동 비늘은 위를 향해 고정되어 있으며 투구는 복합구조로 되어 있음에 주목해야 한다. 투구의 머리 부분은 금속판을 장식한 리벳으로 단단한 가죽 외피에 고정시켰다. 그의 왼쪽으로는 86쪽에서 나타났던 인물들 중에 하나에 기반을 둔 호플리테가 서 있다(6). 황소머리 방패 무늬는 그의 오른쪽에 있는 호플리테(7)의 방패를 장식하고 있는 마라톤 황소와 마찬가지로 그가 마라톤 전투 참전용사임을 나타내는 상징적 기호로 작용한다. 이러한 방패 무늬들은 전투에 참가한 호플리테에 의해 사용되었을 가능성이 있지만 특히 마라톤 평원에 있는 네 개의 촌락에서 징집된 호플리테들이 많이 사용했을지도 모른다. 또한 '트리스켈레스(triskeles)' 문양이 또 다른 호플리테(8)의 방패를 장식하고 있는 것도 보인다. 이 무늬가 알크마이온 가문에서 특히 인기가 높았음을 암시하는 증거도 있는데 그들 중 일부는 참주를 비롯해 그들을 지원한 페르시아인과 거래를 함으로써 반역자로 기소되었다.(그림: 리처드 후크)

지나도록 거리를 연장시켰다). 이미 지친 군사들에게 있어서는 그것은 고된 행군이었다. 헤로도토스(6.113)는 전투가 '오랜 시간' 지속되었다고 전하고 있다. 그 오랜 시간이 얼마나 되는지는 대답하기 어렵다. 전투 후에 지친 부대를 재정비하고 그들이 다시 행군하도록 만들기 위해 지휘관들은 부단한 노력을 기울였을 것이다. 프론티누스(*Strat*., 2.9.8)의 기록에 따르면 승리의 기쁨에 도취된 군사들의 마음을 진정시키고 행군을 독려한 것은 밀티아데스였다. 자신들의 도시를 지키기 위해 최대한 빨리 서둘러 복귀한 아테네 군대는 페르시아 함대보다 먼저 도착하는 데 성공했고, 아테네 근교 키노사르게스(Kynosarges)에 위치한 헤라클레스 신전에 야영지를 설치했다. 대부분의 현대 역사학자들은 전투가 있었던 당일 저녁에 아테네 군대가 귀환했다고 보는데 아마도 그것이 옳을 것이다. 이런 강행군은 참전용사들의 마음속에 잊혀지지 않는 기억을 남겼음이 틀림없다.

페르시아군은 수니온 곶을 돌아 팔레론에 닻을 내렸다. 한동안 그곳에 닻을 내리고 있었지만 곧 아시아를 향해 다시 항해에 나섰다. 2,000명으로 이루어진 스파르타군의 선발대는 그 다음 날인 메타게이트니온의 달 18번째 날(9월 12일)(Platon, *Laws*, 698E)에 도착했다. 보름이 지난 후 스파르타에서 출발해 3일 만에 아테네에 도착한 것이다.

성인남자의 전체 인구가 8,000명인 상태에서 당시 전투에 임할 수 있는 스파르타인의 수는 5,000명이었다. 2,000명은 아마도 연령대 10대들로 구성된 '신속기동부대(flying-column)'로 가능한 빠른 시간 내에 지원을 제공하는 역할을 담당했을 것이다. 이미 전투에 참가하기에는 너무 늦었지만 그들은 페르시아인들이 어떤 모습을 하고 있는지 몹시 궁금해했다. 그래서 시신의 모습이라도 관찰하기 위해 곧바로 마라톤으로 이동했다(Hdt., 6.120). 아마도 이때 아테네인들이 죽은 페르시아 군사들을 보고 그들의 복장과 장비를 그림으로 남겼을 가능성이 높다.

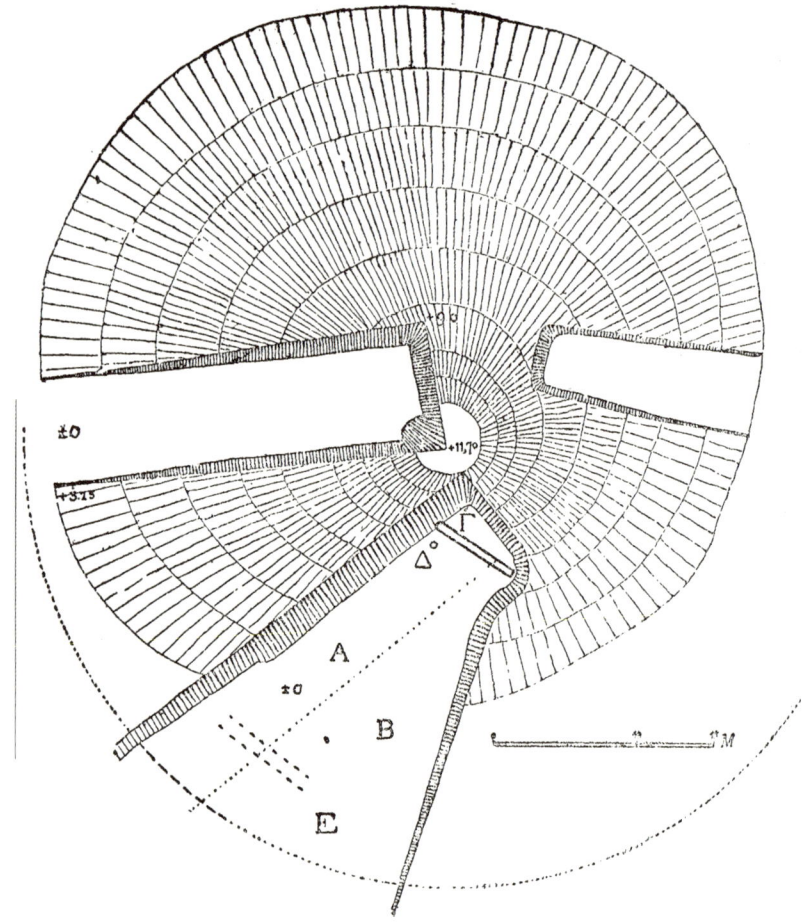

1890년과 1891년 발레리오 스타이스(Valerio Stais)에 의해 실시된 발굴의 도면. 이를 통해 이 봉분이 아테네 전사자들의 무덤임이 확인되었다. '화장용 트레이(Cremation Trays)'는 D지점과 E지점에서 발견되었다. 두 번째 트레이는 벽돌로 안벽을 채웠다. 길이 5미터, 폭 1미터의 내부에는 재와 동물들과 새들의 뼈, 장례 의식에서 먹은 계란들, 의도적으로 깨뜨린 도기가 흩어져 있었다.[*Athenische Mitteilungen* 18(1893) 49]

| 전리품과 매장 |

아리스테이데스는 그의 부족 안티오키스와 함께 '포로와 전리품을 감시하기 위해' 마라톤에 남았다(*Plut.*, Aristid., 5.5~6). 플루타르코스는 페르시아군의 막사와 함선에서 전리품을 획득했다고 전한다. 네포스(*Milt.*, 5.5)는 페르시아군이 그들의 야영지가 아닌 함선으로 달아났다고 말했다는 사실도 주목해야 한다. 그러나 헤로도토스는 막사는 물론 페르시아 야영지에 대해 일절 언급이 없었다. 저자의 추측으로는 페르시아군이 대부분의 병사들을 함선에 승선시키고 그 전날 밤 야영지를 철거했을 것이다. 전

마라톤 평원의 얼마 남지 않은 습지대 중 하나. 메갈로 마티 양수장 바로 뒤에 위치한다. 패주하던 페르시아인들이 빠져죽었던 습지들의 모습을 짐작해볼 수 있다.

리품은 포획한 함선과 적군의 시신, 포로들로부터 수집되었다. 페르시아군의 야영지와 막사에 대한 언급은 훗날 작가들에 의해 덧붙여진 내용인 듯하다.

아리스테이데스는 어쩌면 그의 정직성에 대한 높은 명성으로 인해 전리품을 수집하는 임무를 맡았을지도 모른다. 헤로도토스(8.79.1)는 아리스테이데스의 성품을 연구했는데, 이를 통해 '그가 아테네에서 가장 훌륭하고 가장 공정한 사람이라는 사실을 확신했다.' 이듬해인 BC 489/488년 그는 최고 아르콘으로 선출되었다(그의 부족연대인 안티오키스가 뒤에 남은 이유는 그들이 전투에서 가장 많은 피해를 입었기 때문일 수도 있다). 플루타르코스는 아리스테이데스가 그 누구도 전리품에 손을 대지 못하게 했다고 한다. 이는 공동의 몫으로 간주되었으며 플라타이아인들은 후에 자신들의 몫을 분배받았다(Paus., 9.4.1).

아리스테이데스의 사촌이자 알로페케(Alopeke) 데모스에 있는 히포리코스(Hipporikos)의 아들 칼리아스(Kallias) 또한 안티오키스 부족연대의 전열에서 싸웠다. 그는 조상 대대로 엘레우시스 제전[Eleusinian mysteries: 곡식의 여신 데메테르(Demeter)를 받드는 신비적 의식—옮긴이]에서 횃불을 드는 사람이었다. 그는 엄청난 부자였으며 별명조차도 '우물 부자(well-wealthy)'라는 뜻의 '라코플로우토스(Lakkoploutos)'였다. 이는 그의 부가 '우물만큼이나 깊다'고 해서 붙여진 것이었다. 그러나 그가 그렇게 큰 부를 어떻게 축적했는지에 대해서는 악의적인 소문들이 있었다. 그는 전투에서 사제의 옷을 입고 싸웠다. 한 페르시아인은 그에게 자신의 목숨을 보호해 달라고 요청하면서 어느 우물(lakkos)에 자신이 돈을 숨겼는지를 알려주었다. 칼리아스는 그 페르시아인을 죽이고 돈을 가로챘다는 것이다. 칼리아스 가문의 부와 관련해 헤라클레이데스 폰티코스는 보다 그럴듯한 설명을 제시한다(Athenaeus, 12.537A). 디옴네스토스(Diomnestos)라는 이름의 에레트리아인이 칼리아스의 아버지에게 안전하게 맡아 달라며 자신의 재산을 건넸는데 디옴네스토스가 다른 에레트리아인들과 함께 국외로 추방당하자 히포리코스가 돈을 갖게 되었다는 것이다.

안티오키스 부족연대의 임무에는 시신을 매장하는 일도 포함되어 있었던 것으로 보인다. 전쟁터에 전사한 아테네인들의 시신을 매장하는 일은 상당히 예외적인 경우였다. 투키디데스(2.34.5)와 파우사니아스는 사망자의 유골을 가지고 아테네로 돌아가는 것이 일반적인 관습이었지만, 이처럼 예외적인 매장이 이루어진 이유는 마라톤에서 싸운 병사들의 '뛰어난 무훈' 때문이었다고 전한다. 그들은 영웅의 칭호를 받았다. 더불어 파우사니아스(1.32.4)는 그들을 위한 제사행사가 만들어졌다고 했다. '자유를 위해 목숨을 잃은 자들을 대신하여' 폴레마르크가 참석한 가운데 매년 소로스에서는 산 제물을 바쳤다(Garland, 58).

헤로도토스(6.117)는 사망자의 수를 아테네인 192명(플라타이아인과 노예는 제외)과 페르시아인 6,400명으로 제시했다. 대부분의 역사학자들이 이 수치를 인정하는 이유는 그들이 이 수치를 타당하다고 여기거나 전투 후에 사망자의 집계가 이루어졌다고 믿기 때문이다. 그러나 사망자의 비율이 그리스인 1명에 대해 페르시아인 33.3명이라는 점은 의심이 가지 않을 수 없다(Avery, 1973). 저스틴(2.9)에 따르면 페르시아군은 전투와 함선의 난파로 인해 2,000명의 군사를 잃었다. 만일 500마리의 염소가 아르테미스 여신에게 제물로 바쳐지게 된 이유와 사상자 수를 결부시킨다면, 페르시아군은 500명의 사상자가 발생한 것일 수도 있다. 파우사니아스에 따르면 아테네인들이 페르시아 전사자를 묻었다고 주장했다. 하지만 그렇게 말하는 이유로 그는 이런 진술을 남겼다(1.32.5).

"어떤 경우이든, 신성한 법률에 따라 죽은 육신은 땅속에 묻혀야 하지만 나는 그 어떤 무덤도 찾아볼 수 없었다. 봉분을 비롯한 눈에 띄는 어떤 흔적조차 없었는데, 죽은 자들은 도랑으로 끌려간 뒤 그곳에 던져졌기 때문이다."

1884/1885년 겨울 폰 에센부르크(von Eschenburg) 대위는 이 지역의 고고학적 지도를 제작하기 위해 마라톤 평원을 조사했다. 그는 다음과 같이 기록하고 있다.

"스코우제스(Skouzes) 씨의 포도밭에서 수백 구의 시신에게서 나온 것으로 보이는 대량의 유골이 발견되었다. 스코우제스 씨의 집사이자 똑똑하고 젊은 그리스인으로서 포도농장을 총괄 감독했던 이 정보의 제공자에게 감사의 뜻을 전한다. 내가 직접 포도밭의 가장자리를 파보았는데, 유골로 가득찬 영역이 습지대까지 이어져 있다는 확신을 갖게 되었다(Petrakos 24)."

폰 에센부르크가 발견한 것이 페르시아인의 집단 무덤이라는데 대부분의 사람이 동의한다. 파우사니아스가 발견하지 못한 것을 보면 아마도 묘비와 같은 표시가 존재하지 않았던 것 같다. 파나기아 메소스포리티사 교회와 그레이트 마시 사이라는 위치는 우리가 전투에 대해 알고 있던 지식과 일치한다. 대다수의 페르시아인들이 습지에서 전사한 것으로 알려져 있기 때문이다.

    전투와 관련해 한 가지 소소하고 흥미로운 일화가 있다. 플리니(Pliny, *HN*, 18.43.144)는 자주개자리와 같은 '메디아 식물들'은 원래 그리스에는 없었으며 처음 메디아(원산지)에서 그리스에 들어온 것은 '다리우스가 시작한 페르시아 전쟁' 때의 일이었다고 전한다. 이 말은 마라톤 전투를 떠올리게 만든다. 어쩌면 그 당시 식물이 스스로 씨를 뿌렸는지도 모를 일이다(Evans, 103). 만일 마라톤이 계기가 되었다면 그 식물은 포획된 7척의 3단 노 갤리선 중 한 척에 가축의 사료로 실려 있었을 가능성이 높다. 더 그럴 듯한 가설은 페르시아 함대가 BC 492년 아토스 산 앞바다에서 난파되었을 때 메디아 식물이 전파되었다는 것이다. 이는 예를 들어 흰 비둘기가 처음 유럽에 들어오게 된 계기와 같다(L. Pearson, *Early Ionian Historians*, 147~148).

| 전쟁의 영향 |

판 신의 석회암 두상. 높이 0.354미터로 한때는 여러 색으로 채색되었었고 그 흔적들이 아직도 남아 있다. 아크로폴리스의 북쪽 사면에서 발견된 것으로 알려져 있다. 따라서 BC 480/479년 페르시아의 약탈이 있기 전에 봉헌된 조각상의 일부분인 듯하다. 이 두상이 밀티아데스가 바친 것만큼 중요한 존재였다면 아마도 돌이 아닌 청동으로 제작되었을 것이다.(클리블랜드 미술관 26. 538).

다티스는 미코노스 섬을 경유해 아시아로 돌아갔는데 미코노스 섬에서 자다가 꿈을 꾸었다. 날이 밝자 그는 함선들을 뒤져 페니키아 선박에서 금으로 된 아폴론 상(像)을 찾아냈다. 그것을 어디에서 약탈했는지 물은 다음 성지의 이름을 알게 되자 자신의 배를 타고 델로스로 갔다. 그곳에서 그는 아폴론 신전 앞에 상을 놓고 델로스인들에게 칼키스 맞은편 해안의 테베 영토에 있는 델리온(Delion) 신전에 그것을 옮겨달라고 했다. 그러나 델로스인들은 그의 부탁을 들어주지 못했다. 예언의 명령에 따라 테베인들이 조각상을 델리온에 가져간 것은 그로부터 20년이나 지난 후의 일이었다(Hdt., 6.118).

전투가 끝난 즉시 아테네인들은 전투에서 획득한 전리품으로 '영광의 신' 에우클레이아(Eukleia)를 위한 신전에 봉헌했다(Paus., 1.14.5). 그들은 또한 파르테논의 조상들을 위한 건축물을 제작하는 데 착수했다. 아크로폴리스 아래에 있는 동굴 중 하나는 판 신에게 봉헌되었고, 그를 위해 제물을 바치고 횃불 계주를 하기 시작했다. 판에게 봉납한 조각상에는 시모니데스의 다음과 같은 경구가 새겨져 있었던 것으로 보인다.

"나, 염소의 발을 가진 판, 아르카디아이며, 메데스에 적대적이고, 아테네인의 조력자다. 밀티아데스가 세우다."

판 신은 아티카의 여러 동굴들에서 숭배되었다. 전투가 있기 전에 이러한 숭배가 이루어졌다는 흔적은 그 어느 곳에서도 찾아볼 수 없으며, 그 전의 아티카 예술에도 그의 모습이 나타나 있지 않다. 갈랜드(61)는 모든 것이 처음 시작되었다고 보기는 어렵고, BC 490년 이후에 신에 대한 숭배가 비약적으로 확장된 것이라는 주장을 펼친다.

판 신을 위한 제식은 아크로폴리스의 북서쪽 사면에 위치한 동굴에서 이루어졌다. 전투에서 판 신의 역할은 불분명하다. BC 2세기 역사학자인 폴레몬(Polemon, 2.41)은 페르시아 함선 한 척이 '판에게 쫓겨다녔다'고 언급했다. 율리우스 아프리카누스(Julius Africanus, Kestai 1.2.11)는 판 신이 마라톤에서 아테네인들과 함께 페르시아군에 맞서 싸웠다고 전한다. 아리스테이데스[Panath., 108(202D)]는 AD 2세기에 쓴 글에서 전투 후에 '판이 춤을 추었다'는 내용을 언급했다. 반면 이상하게도 헤로도토스와 채색된 주랑에 그려진 전투와 관련된 미술품에는 판이 전투에 참여하는 모습이 나타나 있지 않다.

    마라톤 전투 이후 얼마 지나지 않아 아테네인들은 밀티아데스에게 70척의 배를 주며 페르시아에 협력한 섬들과 전쟁을 벌이게 했다. 일부 학자들은 마라톤 직후에 원정이 시작되었다고 주장하는데, 이것은 파로스인들이 다티스의 함대가 아직 미코노스에 있다고 믿고 있었기 때문이다. 그 밖의 학자들은 BC 489년에 출정이 있었다고 주장했다. 네포스(1.7)에 따르면 밀티아데스는 여러 섬들에게 편을 바꾸라고 강요했지만 자신의 성채에 자신감을 갖고 있었던 파로스인들은 그것을 거부했다. 이에 대해 밀티아데스는 파로스의 성채를 봉쇄하고 100탈란트의 보상금을 요구했다. 헤로도토스(6.134)는 이 사건에 대해서는 여러 다른 내용들이 전해진다고 했다. 파로스인들은 티모(Timo)라는 이름을 가진 여사제가 밀티아데스에게 도시로 들어오는 길을 알려주었을 때 그가 성벽을 넘다가 허벅지를 다쳤다고 주장했다. 또 다른 기록에서 에포로스(Ephoros)는 파로스인들이 항복을 하려던 시점에 우연히 미코노스 방향에서 불길이 일었다고 말했다.

이 화병은 BC 480/479년 페르시아의 아테네 약탈이 있은 후, 파괴되고 남은 잔해 속에서 발견되었다. '마라톤의 승리를 기념하기 위해 세워진 제우스 엘레우테리오스(Zeus Eleutherios) 신전으로 추정되는 곳에 특별히 봉헌'되었던 것으로 보인다(Williams, 78 n. 33). 칼리마코스로 보이는 한 전사가 '자유의 신' 제우스의 제단에 제삿술을 붓고 있다. 두 차례의 페르시아 전쟁 이후, 아테네의 '구세주' 제우스 신전은 '해방자(Liberator)'라는 이름으로 불리게 되었다.(미국 고전연구학회 아테네 지부, 아고라 유물 P 42)

그들은 이를 다티스와 페르시아 함대가 보내는 신호로 여겨 저항을 계속했다. 봉쇄는 26일 만에 풀렸다.

아테네로 돌아오는 길에 밀티아데스는 '아테네인들을 기만했다'는 중대한 죄목으로 알크마이온 가문인 아리프론(Ariphron)의 아들 크산티포스(Xanthippos)에 의해 기소되었다. 그가 직접 재판에 참여할 수 없었기 때문에 친구들이 변호를 맡았다. 그는 상처가 곪기 시작했고 중병을 앓고 있는 상태였다. 밀티아데스는 사형은 면했으나 50탈란트(30만 드라크마)라는 엄청난 벌금이 과해졌다. 그는 그로부터 얼마 지나지 않아 벌금을 지불하지 않은 채 감옥에서 사망했고 빚은 그의 아들 키몬에게 넘어갔다.

페르시아 함대가 아시아에 도착하자 다티스와 아르타페르네스는 에레트리아 노예들을 수사로 끌고 갔다. 그들이 자신의 영토(사르디스)에 피해를 입혔음에도 불구하고 다리우스는 그 이상의 박해는 가하지 않았다. 다만 페르시아 영토인 키시아(Cissia)의 아르데릭카(Arderikka)에 그들을 정착시켰다. 헤로도토스(6.199)는 이렇게 기록했다.

"그들은 내가 살아 있는 동안에도 계속 그곳에서 살았으며 자신의 원래 언어를 버리지 않았다."

다티스에 대한 이야기는 더 이상 알려지지 않았다. 플라톤의 말처럼, 그가 패전에 대한 책임을 지고 처형되었는지 여부 또한 알려지지 않았다. 9년 후 크세르크세스는 새로운 총사령관 마르도니우스와 함께 제2차 그리스 침공을 주도했다. 네포스(*Pausanias*, 1)는 마르도니우스가 '메디아 계통의 왕족 태수'였다고 전하고 있다. 앞서 논의된 것처럼 지명은 출신보다는 직책과 관련이 있다. 마르도니우스가 다티스의 후임으로 메디아의 태수가 되었는지도 모른다.

마라톤 전투의 영광은 10년 뒤 페르시아에 다시 여러 차례 승리를 거두면서 다소 잊혀졌다. 마라톤과 관련된 기념물들과 축전들은 훗날 키몬이 전개한 선전 운동의 일환으로 만들어졌다. 키몬은 밀티아데스의 아들로 BC 460년대에 정치계에서 두드러진 활동을 보였다. 그러나 그 중에서 가장 유명한 활동은 아마도 미콘(Mikon)과 파나이노스(Panainos)가 아테네의 채색 주랑에 그린 마라톤 전투에 관한 그림일 것이다. 그림에서 밀티아데스는 자랑스레 여러 다른 전쟁 영웅들과 나란히 서 있다(Paus., 1.15.3). 전사한 병사들의 무덤 위로 소로스가 형성된 것 역시 키몬의 집권 시기에 이르러서야 비로소 행해진 사업이었다. 이처럼 마라톤 영웅들에 대한 찬양이 전투 직후에 시작되었는지, 아니면 훗날 특히 키몬의 집권 시기에 만들어진 것인지는 알 수 없다.

카넬로풀로스(Canellopoulos) 박물관 소장품에 포함된 '레베스(Lebes)'(가마솥)로 1958년경 소로스 부근에서 발견되었다. 소문에 따르면 발견 당시 안에는 까맣게 탄 인골들이 들어 있었다고 한다. 테두리에는 "아테네인들이 전쟁에서 (죽은) 사람들을 기념하는 경기에서 우승한 사람에게 (이것을) (경기의) 상으로 수여한다"라고 적혀 있다. 아마도 아테네인들이 마라톤의 전사자들을 영웅으로 기리기 위해 만든 경기에서 수여된 상인 것으로 보인다.(카넬로풀로스 박물관 199, 아테네)

전투를 기리는 의식은 전투가 발발한 메타게이트니온의 달, 17일(9월 11일) 당일이 아닌 보이드로미온 달의 6일, 아르테미스 여신을 위한 축제로 거행되었는데, 아테네인들은 마라톤 전투 전에 아르테미스 여신에게 제물을 바쳤었다. 전투는 이후 적어도 367년 동안, 그리고 어쩌면 그보다 훨씬 더 오랫동안 기념되었다(Petrakos, 38~39).

키몬의 정치적인 선전 활동을 통해 밀티아데스와 마라톤 전투는 범그리스 신전인 델포이에서 찬양을 받았다. 파우사니아스(10.10.1~2)는 아테네와 다른 부족의 영웅들, 아테나와 아폴론, 그리고 밀티아데스의 조각상이 늘어선 모습을 묘사하고 있다. 그는 조각상들이 페이디아스에 의해 제작되었으며, 마라톤에서 획득한 전리품의 십일조라는 글이 새겨져 있다고 진술했다. 그러나 이는 불가능한 이야기다. 당시 페이디아스는 조각상을 만들기에 너무 어렸고 키몬과 페리클레스가 통치하던 세기의 중반에만 왕성하게 활동했다. 이와 같은 이유로 아크로폴리스에 위치한 페이디아스의 아테나 프로마코스(Athena Promachos) 조각상 또한 파우사니아스(1.28.2)가 주장하듯 전투에서 획득한 전리품으로 제작되기는 불가능하다.

델포이에 있는 아테네 보고(寶庫)의 토대에서 또 다른 잘못된 문구를 발견할 수 있는데, "아테네인들은 마라톤 전투 중 메데스에서 가져온 전리품의 10분의 1을 아폴론에게 바쳤다"고 적혀져 있다. 파우사니아스(10.11.5)는 이에 따라 보고가 마라톤의 전리품으로 지어졌다고 믿었다. 사실 그것은 마라톤 전투가 있기 전에 세워진 것으로 보인다. 그리고 문구가 적힌 토대는 훗날 증축된 부분에 속한다. 이처럼 기념물들을 빛내는 문구들은 때로는 전쟁 관련 정보를 왜곡할 수 있기 때문에 냉정한 판단이 요구된다.

클레이스테네스의 개혁 이래로 17년에 걸쳐 민주주의 국가로 거듭난 아테네는 당쟁으로 분열되었던 페이시스트라토스 참주 시대와는 다른 모습을 갖추게 되었다(Reynolds, 103). 히피아스가 실제로 일부 아테네인들

마라톤의 소로스. 흙무더기는 전투가 끝나고 20년 뒤에 아테네 전사자들의 무덤 위에 쌓은 것으로 보인다. 그때는 마라톤 전투를 기념하기 위한 키몬의 정치적 선전 활동이 정점에 달했던 시기다. 오늘날의 고분은 슐리만 [Schliemann(1822~1890): 독일의 고고학자·실업가—옮긴이]의 발굴 작업과 2,500년간의 침식으로 인해 깎여 나갔음에도 불구하고 아직 지면으로부터 높이가 약 9미터에 이르며 지름은 50미터다. 고대에는 아테네 평원의 지면이 현재보다 3미터 낮았다는 사실이 스타이스(Stais)에 의해 입증되었으므로 소로스의 본래 높이는 최소한 12미터 이상이었던 셈이다. 이것을 만드는 데 사용된 흙은 주변 평원의 광범위한 지역에서 조달되었다.

과 내통했는지는 의심스럽다. 실제 있었다 하더라도 그들은 소수 시민에 한정되었을 것으로 보인다. 어쩌면 이러한 부분이 페르시아군의 전략과 전술적 계획에 가장 큰 결점으로 작용했을지도 모른다.

전술적 측면에서, 먼저 그리스인들과 페르시아인들이 전투에서 본격적으로 맞닥뜨렸던 적이 그 전에는 없었으며 따라서 서로의 장비와 전투 방식에 대한 상대적인 장단점들을 사전에 파악할 수 없었다는 점이 고려되어야 한다. 헤로도토스(6.112)의 기록에 따르면 마라톤의 아테네인들은 적군을 향해 전속력으로 돌진한 최초의 그리스인들이며 처음으로 메디아인들의 복장과 메디아인들에게 굴하지 않고 맞선 그리스인이기도 하다.

'그 전까지는 메데스는 그 이름 자체만으로도 그리스인들에게 공포의 대상이었기 때문이다.' 그러나 여기에서 이 마지막 문장은 약간의 수정을 요한다. 동부지역의 그리스인들은 이미 이오니아 반란 당시 페르시아인들과 맞서 싸운 경험이 있기 때문이다.

아테네인들과 플라타이아인들이 강한 결의로 페르시아에 대항해 결연한 의지를 보였고 전투에서 불굴의 용기를 과시했다는 점에는 의심의 여지가 없다. 그러나 군사 배치를 담당한 아테네 지휘관, 칼리마코스 혹은 밀티아데스가 중앙에 적은 수의 병사들을 배치했던 것이 단지 자신의 수적인 열세와 측면을 포위당하게 될지도 모른다는 두려움 때문이었을까? 아니면 아테네의 중앙이 격퇴당하게 하려는 의도적 안배였을까? 수많은 군사 사학자들의 주장처럼 칸나이(Cannae) 전투와 같은 노선을 따라 양익 포위를 시도하려고 했던 것일까? 또는 완벽한 붕괴의 가능성이 가장 적은 부분에 최소한의 병력만을 배치할 수밖에 없었던 것일까?

두 가지 요소로 인해 우리는 그에 대한 판단이 불가능하다. 우리는 승리를 거둔 그리스의 양익이 전술적인 대형을 유지하면서 페르시아의 중앙을 공격하기 위해 회전기동을 수행할 수 있었는지 여부를 전혀 알지 못한다. 그러한 사실을 뒷받침하는 근거는 전혀 존재하지 않는다. 당시의 그리스 호플리테가 이처럼 정교한 작전 행동을 할 수 있었는지를 알려주는 어떠한 기록도 없으며 오늘날 남겨진 자료들에도 그리스인들이 중앙이 무너질 것을 예상했다는 내용은 나타나지 않는다. 그들은 중앙의 페르시아인들과 사카이인을 향해 무질서하게 방향을 돌렸을 것이다. 반면 밀티아데스가 페르시아의 전투 방식을 경험한 적이 있었다는 점 역시 고려해야 한다. 하지만 페르시아인들은 지휘관과 정예부대가 중앙에 위치할 것이란 사실을 알고 있었던 그가 왜 아테네군의 중앙을 가장 약하게 배치했던 것일까?

| 전장의 현재 모습 |

마라톤 평원을 가로지르는 거리는 지도상으로 보았을 때보다 9월의 태양 아래에서 걸었을 때 훨씬 더 멀게 느껴진다. 전장을 방문하고자 하는 사람이 있다면 차를 빌릴 것을 권한다. 그러나 지금부터 간략하게 소개할 장소들은 대중교통을 이용하거나 걸어서 여행하는 사람들을 위한 것이다. 지형이 복잡하기 때문에 구체적인 길안내를 제시했다.

아테네에서 마라톤으로 직행하거나 마라톤을 경유하는 버스들은 많이 있다. 마브로마테온 거리(Mavromateon Street)에서 스코이니아스(ΣXOINIAΣ) 해변까지 가는 버스도 있다. 버스 정류장은 플라테이아 아이기프토우(Plateia Aigyptou)로부터 100미터 정도 아래 오른쪽에 있다. 이

메갈로 마티 양수장 위쪽 돌출된 바위 위에 세워진 터키 감시탑.

고대 '카니' 유적. 여행자들을 위한 쉼터로 터키 시대에 세워졌다. 카토 술리로 가는 길의 파나기아 메소스포리티사로 빠지는 갈림길에 조금 못 미치는 거리에 위치하고 있다.

버스는 에트니키 아미나(Ethniki Amyna) 지하철역 입구의 반대편에 있는 정류장에서도 탈 수 있다. 이 정류장에서는 그 외에도 여러 노선의 버스가 있는데, '마라톤'이라고 쓰인 버스들은 마라톤 해변이나 아테네인들의 무덤에서 멈추며 시간은 90분이 소요된다. 숙박 시설은 마라톤 해변에서 가장 많이 찾아볼 수 있다.

걸음이 느린 사람들은 스코이니아스 해변 끝까지 버스를 타고 이동할 수 있다. 그러나 전장을 걷고 싶다면 아테네인들의 무덤 다음으로 두 정거장을 더 지나 내리면 된다. 마라톤의 주요 장소에는 프랑크식 탑(마라톤에 위치)과 마카리나 샘(그레이트 마시의 남은 부분), 스코이니아스 해변(페르시아군의 상륙지이자 야영지가 있던 장소), 박물관이 있다. 다음 지시를 따르면 이 모든 장소들을 차례대로 방문할 수 있으나 길을 잃고 싶지 않다면 '매우' 주의를 기울여 참고해야 한다.

버스 정류장에서 동쪽의 스코이니아스와 카토 술리로 향하는 길을 택하라. 교차점을 지나자마자 카라드라를 가로지르는 현대식 콘크리트 다리가 있고 하천 바닥에는 제2차 세계대전 때 만든 대전차호 체계가 있다(95쪽 사진 참조). 도로 표지가 있는 자갈 도로를 지나쳐 계속 길을 따라가라. 길은 스트라브로코라키 산의 돌출부와 왼쪽(북쪽)에서 만나고 좀더 가면 왼쪽에 아기오스 기오르기오스 교회가 있다. 길은 이제 왼쪽으로 급격하게 꺾어진다. 오른쪽의 두 개의 작은 교차로를 지나면 큰길은 계속 왼쪽으로, 그러나 좀더 완만하게 휘어진다.

길의 오른쪽에는 키가 큰 사이프러스 나무들이 줄지어 있다. 가로수의 중간 지점에 오토만 시대의 카니(Khani: 쉼터)의 옛터가 있다. 사이프러스 가로수의 끝에서 오른쪽(남동쪽)의 작은 자갈길로 방향을 틀라. 큰길에서 오른쪽의 농가들과 오래된 공장을 지나 15분쯤 걸어가면 사이프러스 나무들로 둘러싸인 돌담 안쪽으로 흰 교회가 보인다. 프랑크식 탑은 이 담 안쪽에 위치한다. 탑의 토대에는 조각으로 장식된 블록들이 아직까지 남아

## 오늘날의 마라톤 지역

있다. 이 블록들은 BC 4세기 무덤에서 가져온 것들이다. 이제 당신은 트로피가 있는 장소 가까이에 이르렀다.

    큰길로 돌아와 북동쪽으로 계속 나아가라. 스코이니아스까지 오른쪽(남동쪽)으로 2.5킬로미터라는 도로 표지가 있는 교차로에 다다르게 된다. 카토 술리로 직진하면 올리브 나무가 늘어선 길은 처음에는 좌측, 그 다음은 우측으로 구부러진다. 길의 왼쪽에는 돌과 콘크리트로 만든 황폐화된 수로(水路)가 있다. 또 다른 돌 수로가 길 아래 왼쪽에 직각으로 놓여져 있다. 길은 이제 오른쪽으로, 그 다음에는 왼쪽으로 급격하게 꺾이며 산의 돌출부는 평원으로 이어진다. 고대에는 마카리아 샘이 산의 돌출부와 대늪지(그레이트 마시)가 만나는 이 지점에 위치했었다. 고대의 오토만 감시탑(방문할 만한 곳)은 돌출부의 위쪽에 있으며, 돌출부를 따라 돌다 보면 카토 술리로 가는 길에 놓여 있는 제2차 세계대전 당시의 토치카. 메갈로 마티 양수장을 방어하고 있다. 그 시대의 다른 대부분의 토치카들처럼 구색만을 갖추어 설치되었으며 시야는 최대 50미터였다.

마라톤 전승 트로피의 일부 잔해. 파우사니아스가 말하는 '흰 대리석으로 만든 전승 트로피'로 마라톤 박물관에 전시되어 있다. 기둥의 몸통들은 없어졌다.

전장의 현재 모습

오래된 양수장이 나타난다. 한때 이곳의 물이 아테네에 공급되었다. 제2차 세계대전 당시에는 보초병이 감시를 했기 때문에 길 오른쪽에 토치카가 있다. 양수장의 남쪽 가까이에는 연못이 있다. 이는 말라버린 그레이트 마시에서 살아 남은 몇몇의 국지적인 습지 중 하나로 고대의 이 지역이 어떤 모습이었는지를 조금이나마 그려볼 수 있게 해준다.

다시 스코이니아스가 표시된 자갈길로 돌아가라. 이 길을 따라 스코이니아스 해변의 남서쪽 끝자락에 도착하기까지는 약 30분 정도가 소요될 것이다. 늦여름에는 강한 동풍이 해변의 남서쪽 절반으로 불어든다. 키노수라 절벽이 바람을 막아주는 해변의 북동쪽 절반으로 가는 데에는 1시간이 걸린다. 지나는 길에 좌측으로 말라버린 스코이니아스 늪지의 갈대밭과 스토미 호수를 볼 수 있다. 스코이니아스로 가는 버스의 종점은 해변 북동쪽 가장자리의 식당가에 있다.

늦여름의 태양 아래에서 두세 시간을 걸었다면 이제 당신은 전쟁을 치렀던 이들이 경험했을 피로를 막연하게나마 느낄 수 있을 것이다. 마라톤 전투의 실제 상황을 되살려주는 여러 기록들은 돌격하고 전투를 치른 후, 그때까지 키노수라 아래에 정박되어 있던 페르시아 함선들을 향해 달려간 아테네인들을 그려낸다. 이제야 당신은 그것이 안락의자에 앉아서는 상상조차 할 수 없는 힘든 일이었음을 깨달을 수 있을 것이다. 고운 흰 모래로 뒤덮인 스코이니아스 해변은 아테네의 여러 피서객들이 즐겨찾는 곳이다. 뒤로는 아름다운 다복솔이 심어져 있으며 휴식을 취하기에는 더없이 좋은 장소이다.

고고학을 사랑한 에브게니오스 파나고풀로스(Evgenios Panagopoulos)의 관용 덕분에 지어지게 된 박물관은 방문할 만할 가치가 있다. 이 책을 집필할 당시 관람시간은 오전 8시 30분에서 오후 3시까지였으며 월요일은 휴관일이었다. 입장권을 구입하면 아테네인들의 무덤도 구경할 수 있다. 걸어서 가는 것이라면 마라톤과 네아 마크리(Nea Makri)를 잇는 길에서 박물관까지 표시를 따라가면 된다. 오른쪽으로 박물관 전방 약 200미터 앞에 있는 전통적인 고분('플라타이아인들의 무덤'이라고 적힌)을 지나면 박물관 입구가 있다. 박물관의 모습이 보일 즈음 왼쪽 산허리 위에 성 데메트리오스(St. Demetrios) 교회가 희미하게 보일 것이다. 당신과 교회 사이의 공간은 소테리아데스가 헤라클레이온이 있었다고 주장하는 위치이다. 박물관 안에는 전승 기념비와 전통적인 고분의 도기, 헤라클레스의 제식을 언급하는 발라리아의 비문 두 개가 모두 갤러리 III에 전시되어 있다. 잘 보존된 BC 4세기 묘비명과 마카리아 샘 근처에서 발견된 서 있는 사자 또한 흥미롭다.

    아테네로 돌아가는 것은 마라톤으로 가는 것보다 간단하다. 마라톤과 네아 마크리를 잇는 주요 도로를 따라 정류장마다 아테네로 가는 버스가 꽤 늦은 저녁 시간까지 멈춰선다. 9월에는 오후 8시경부터 어두워지기 시작한다.

| 연표 |

| | |
|---|---|
| BC 499~494년 | 이오니아 반란 |
| BC 494년 | 라데에서 페르시아 해군의 승리 |
| BC 493년 | 밀티아데스가 아테네로 돌아가다.<br>페르시아인들이 키오스와 레스보스, 테네도스를 정복하다. |
| BC 492년 | 마르도니우스가 마케도니아를 침략하다.<br>페르시아 함대가 아토스 산 앞바다에서 난파하다.<br>밀티아데스가 참주의 재판에서 살아남아 아테네의 정계에 입문하다. |
| BC 491년 | 다리우스가 그리스 국가들에 사절단을 보내 땅과 물을 요구하다.<br>다리우스가 함대를 만들 것을 명령하고 군대를 소집하다. |
| BC 490년 초여름 | 다티스와 아르타페르네스가 킬리키아로 행군하다. |
| 7월 | 페르시아 함대가 킬리키아에서 출범하다.<br>린도스, 로데스 포위 공격.<br>페르시아 함대가 사모스에 도착하다. |
| 7월 25일 | 아테네 태음년의 시작. 아테네 장군들이 취임하다. |
| 8월 초 | 페르시아의 키클라데스 전역. |
| 8월 22일 | 파나테나이아 경기. 칼리마코스의 승리? |
| 8월 말 | 페르시아 함대가 에우보이아를 향해 항해하다.<br>카리스토스가 페르시아의 편에 설 것을 강요당하다.<br>에레트리아 포위 공격과 함락 |
| 9월 1일 | 페르시아 함대가 마라톤에 상륙하다. |
| 9월 2일 | 페르시아의 마라톤 상륙 소식이 아테네에 전해지다.<br>필리피데스가 스파르타로 떠나다. |
| 9월 3일 | 필리피데스가 스파르타에 도착하다. |
| 9월 4일 | 필리피데스가 아테네로 돌아오다.<br>아테네 의회가 "식량이 배급되면 마라톤으로 출정하자"는 밀티아데스의 의견을 받아들이다.<br>플라타이아인들에게 마라톤에서 그들과 합류할 것을 요청하 |

| | |
|---|---|
| | 기 위해 전령이 출발하다. |
| 9월 4일 밤 | 아테네군이 마라톤으로 떠나다. |
| 9월 5일, 오전 | 아테네인들이 헤라클레이온에 막사를 치다. |
| 9월 5일, 저녁? | 플라타이아인들이 아테네인들과 마라톤에서 합류하다. |
| 9월 6일? | 다티스가 아테네인들에게 투항을 요구하다.<br>아테네 장군들의 논쟁 |
| 9월 9일 동틀 무렵 | 스파르타의 선발부대가 스파르타를 출발하다. |
| 10월 10일 | 페르시아군이 막사를 철거하다.<br>기병대를 포함한 페르시아군 절반이 함대에 승선해 바다로 나아가다. |
| 10월 10일 밤 | 이오니아인들이 아테네인들에게 '기병대는 떠났다'고 알리다. |
| 9월 11일, 오전 | 마라톤 전투 |
| 9월 11일, 저녁 | 아테네군이 키노사르게스의 헤라클레스 신전으로 행군하다. |
| 9월 12일 | 스파르타의 선발부대가 아테네에 도착하다.<br>페르시아 함대가 팔레론 만을 떠나 미코노스로 향하다. |
| 9월 13일 | 스파르타인들이 마라톤을 방문해 페르시아인 시체들을 살펴보다. |
| 10월 10일 | 승리를 축하하는 의미로 아르테미스 여신에게 최초로 제물을 바치다. |
| 10월 | 밀티아데스가 파로스 원정을 이끌다.<br>밀티아데스가 파로스 원정에 실패하고 아테네로 돌아오다. |
| 11월? | 재판, 투옥 그리고 밀티아데스의 죽음. |

# 주(註)

전투의 날짜를 9월 11일(메타게이트니온 달의 17일)로 지정한 근거가 되는 주요 시간표가 76~77쪽 본문에 설명되어 있다. 아테네 달은 마라톤 전투가 있었던 해의 두 번째 달 15번째 날이 보름이었다는 헤로도토스(6.106)의 진술에 의거해 현대 달력의 달로 변환했다. 천문학적 계산에 따르면 BC 490년 9월 9일이 보름이었다. 이에 따르면 메타게이트니온 15일은 BC 490년 9월 9일에 속한다. 아테네 1년은 각각 30일의 12태음의 달로 이루어져 있다(총 360일). 달은 30일이 10일씩 3개로 나뉘어져 있었다. 7일이 한 주가 되는 것은 유대인 달력 체계로 먼 훗날에서야 그리스도교의 수용과 함께 유럽에 전파되었다. 남는 날들은 다소 아무렇게나 각 달들에 끼워 넣었기 때문에 해와 달의 위치에 따른 날짜의 동시성은 별로 고려되지 않았다. 물론 완벽한 정확성은 불가능하다. 그럼에도 불구하고 한 해의 매우 이른 시기에 커다란 불일치가 있었다고 보기는 어렵다. 복원된 다른 모든 날짜들은 추론에 의한 것으로 이미 알려져 있는 아테네에서 필리피데스가 출발한 날짜와 스파르타 선발부대가 아테네에 도착한 날짜 사이의 상대적인 연대를 복구해 추정한 것이다.

| 참고 문헌과 출처 |

주로 헤로도토스의 마라톤 관련 문서 자료들을 참고했다. 전투에 대한 모든 복구들은 그의 기록에 의거한다. 몇몇 증거들에 비추어보았을 때 헤로도토스는 조심스러운 태도로 전투를 조사했다. 그는 분명 에피젤로스의 실명과 관련된 사항들을 조사하기 위해 개인적인 인터뷰도 감행했다. 이는 다음과 같은 그의 기록에 나타나 있다. "나는 에피젤로스가 다음과 같은 말을 했음을 확인했다(6.117)." 헤로도토스는 『역사(Histories)』를 BC 425년경, 아테네에서 처음 낭독했다(날짜에 대해서는 뜨거운 논쟁이 있었다. 일부는 10년 정도 뒤로 놓기도 한다). 같은 시기에 아리스토파네스는 「아카르니아 사람들(Acharnians)」을 무대에 올리고 있었다. 그는 희곡에 전투의 '참나무처럼 단단한' 일부 노병들이 아직까지 생존하고 있음을 언급했다(180번째 줄).

헤로도토스의 기록들은 때때로 다양한 후대 문서 자료들에 의해 보충된다. 가장 유명한 것은 BC 1세기 말에 쓰여진 네포스의 『밀티아데스(Miltiades)』다. 해먼드(1968, 53)는 이 작품과 『수이다스』의 「렉시콘」에서 발췌한 일부 구절들이 데몬의 작품들에 의거한 것일 수 있다는 주장을 펼쳤다. 데몬은 BC 300년경, 아티카 지방 역사책과 격언 모음집을 발표한 바 있다. 파우사니아스의 『그리스 여행』도 상당한 가치를 지닌다. 비록 전투 후 6세기 반이 지나 쓰여졌으나 마라톤 평원의 고대 지세에 대한 상세한 정보를 제공하며, 전투와 관련된 지역의 전통과 일부 엇갈리는 평가들도 기록하고 있다. 그럼에도 불구하고 아직까지 우리의 지식과 실제 마라톤에서 있었던 일들 사이에는 큰 차이들이 존재한다. 1920년에 처음 쓰여졌으나 1964년 뒤늦게 출간된 논문에서 워틀리(123~124)는 문서 자료의 한계들로 인해 고대 전쟁을 복구하는 것은 불가능에 가까움을 지적했다. 그는 가장 그럴 듯한 복구에 이르기 위한 핵심은 전장의 지세에 대한 철저한 조사임을 강조했다. 마라톤 전투를 복구하는 예술은 헤로도토스의 진술을 정확하게 이해하고 그의 기록을 마라톤 평원의 고대 지세와 연결시키는 데 있다.

### 더 읽어볼 만한 문헌

마라톤과 관련된 내용을 담고 있는 문헌들은 상당히 많다. 그리스 역사에 관한 모든 기본적인 핸드북들은 마라톤 전투의 내용을 담고 있다. 다음 목록은 특히 도움이 될 만한 것들을 간추린 것으로, 이 책에 한 번 이상 언급한 문헌들이다.

H. C. Avery, "Herodotus 6.112.2", *Transactions of the American Philological Association* 103(1972), 15~22.

H. C. Avery, "The Number of Persian Dead at Marathon", *Historia* 22(1973), 757.

E. Badian, "The Name of the Runner", *American Journal of Ancient History* 4(1979), 163~166.

A. A. Barrett, M. J. Vickers, "The Oxford Brygos cup reconsidered", *Journal of Hellenic Studies* 98(1978), 17~24.

Richard M. Berthold, "Which Way to Marathon?", *Revue des Études Anciennes* 78/9(1976/7), 84~95.

P. J. Bicknell, "The Command Structure and Generals of the Marathon Campaign", *L' Antiquité Classique* 39(1970), 427~444.

A. R. Burn, " hermopylai Revisited and some Topographical Notes on Marathon and Plataiai", *Greece and the Ancient Mediterranean in Ancient History and Prehistory: Studies presented to F. Schachermeyr* ed. K.H. Kinzi(1977), 89~105.

A. R. Burn, *Persia & the Greeks*(1984).

J. A. S. Evans, "Cavalry About the Time of the Persian Wars: A Speculative Essay", *The Classical Journal* 82(1987), 97~106.

F. Frost, "The Dubious Origins of the Marathon", *American Jounal of Ancient History* 4(1979), 159~163.

Robert Garland, *Introducing New Gods. The Politics of Athenian Religion*(1992).

George Grote, *A History of Greece IV*(ed. 1869).

N. G. L. Hammond, "The Campaign and Battle of Marathon", *Journal of Hellenic Studies* 88(1968), 13~57.

N. G. L. Hammond, "Plataea's relations with Thebes, Sparta and Athens", *Journal of Hellenic Studies* 112(1992), 143~150.

Evelyn B. Harrison, "The Victory of Kallimachos", *Greek, Roman and Byzantine Studies* 12(1971), 5~24.

A. Trevor Hodge, "Marathon: The Persians' Voyage", *Transactions of the American Philological Association* 105(1975), 95~113.

A. Trevor Hodge, "Reflections on the shield at Marathon", *Annual of the British School at Athens* 96(2001), 237~259.

W. W. How & J. Wells, *A Commentary on Herodotus II*(1912).

J. F. Lazenby, *The Defence of Greece 490~479 B.C.*(1993).

D. M. Lewis, "Datis the Mede", *Journal of Hellenic Studies* 100(1980), 194~195 H.C.

F. Maurice, "The Campaign of Marathon", *Journal of Hellenic Studies* 52(1932), 13~24.

W. McLeod, "The Bowshot and Marathon", *Journal of Hellenic Studies* 90(1970), 197~198.

J. A. R. Munro, "Some Observations on the Persian Wars. 1.─The Campaign of Marathon", *Journal of Hellenic Studies* 19(1899), 185~197.

Basil Petrakos, *Marathon*(1996).

W. K. Pritchett, *Studies in Ancient Greek Topography Part I*(1965).

A. Raubitschek, "The Gates in the Agora", *American Journal of Archaeology* 60(1956), 279~282.

A. Raubitschek, "Das Datisleid", *Charites K. Schauenburg*(1957), 234~242.

P. K. Baillie Reynolds, "The Shield Signal at the Battle of Marathon", *Journal of Hellenic Studies* 49(1929), 100~105.

Raphael Sealey, "The Pit and the Well", *Classical Journal* 72(1976), 13~20.

I. G. Shrimpton, "The Persian Cavalry at Marathon", *Phoenix* 34(1984), 20.

E. Vanderpool, "A Monument to the Battle of Marathon", *Hesperia* 35(1966), 93~106.

E. Vanderpool, "The Deme of Marathon and the Herakleion", *American Journal of Archaeology* 70(1966), 319~323.

J. A. G. Van Der Veer, "The Battle of Marathon. A Topographical Survey", *Mnemosyne* 35(1982), 290~321.

W. P. Wallace, "Kleomenes, Marathon, the Helots, and Arkadia", *Journal of Hellenic Studies* 74(1954), 32~35.

N. Whatley, "On the Possibility of Reconstructing Marathon and Other Ancient Battles", *Journal of Hellenic Studies* 84(1964), 119~139.

D. Williams, "A cup by the Antiphon Painter and the Battle of Marathon", in *Studien zur Mythologie und Vasenmalerei Konrad Schauenburg*(Mainz am Rhein 1986), 75~81.

| 출간된 세계의 전쟁 시리즈 책 소개 |

세계의 전쟁 ❶
# 인천 1950
### 한국전쟁의 전세를 뒤바꾼 20세기 마지막 대규모 상륙작전
고든 L. 리트먼 지음 | 피터 데니스 그림 | 김홍래 옮김 | 한국국방안보포럼 감수 | 값 13,000원

인천상륙작전은 한국전쟁의 전세를 뒤바꾼 의미심장한 작전이다. 성공 확률 5,000분의 1. 인천상륙작전은 모든 사람들이 무모하다고 생각했기 때문에, 오히려 그 기습 효과가 컸다. 이 책은 인천상륙작전의 배경과, 많은 사단들이 전쟁 준비조차 되어 있지 않은 상태에서 상륙전 훈련에 필요한 시간이 부족했는데도 불구하고 어떻게 인천상륙작전을 승리로 이끌 수 있었는지, 그리고 작전 성공 후 서울을 수복하기까지의 과정을 자세하게 다루고 있다. 유엔군과 인민군 양측 군대와 지휘관, 그리고 작전계획을 비교 설명하고, 인천상륙작전을 성공시킨 전략과 전술, 그리고 당시 전투 상황을 기록 사진과 전략상황도, 3차원 입체지도와 함께 생생하게 전하고 있다.


세계의 전쟁 ❷
# 노르망디 1944
### 제2차 세계대전을 승리로 이끈 사상 최대의 연합군 상륙작전
스티븐 배시 지음 | 김홍래 옮김 | 한국국방안보포럼 감수 | 값 13,000원

1944년 6월 6일 역사상 가장 규모가 큰 상륙작전이 북프랑스 노르망디 해안에서 펼쳐졌다. 제2차 세계대전 초기에 패배를 거듭하던 연합군은 모든 전선에서 유리한 입장에 서게 되자, 유럽 본토로 진격하기 위해 1944년 6월 6일 미국의 드와이트 D. 아이젠하워 장군의 총지휘 하에 육·해·공군 합동으로 북프랑스 노르망디 해안에 상륙작전을 감행한다. 이 작전으로 전쟁 초기 서부전선에서 패하여 유럽 대륙에서 퇴각한 연합군이 프랑스 파리를 해방시키고 독일로 진격하기 위한 발판을 마련하게 된다.
이 책은 치밀한 계획에 따라 준비하고 수행한 노르망디 상륙작전의 배경과, 연합군과 독일군의 지휘관과 군대, 그리고 양측의 작전계획 등을 비교 설명하고, D-데이에 격렬하게 진행된 상륙작전 상황, 그리고 캉을 점령하기 위한 연합군의 분투와 여러 작전을 통해 독일군을 격파하면서 센 강에 도달하여, 결국에는 독일로부터 항복을 받아내는 극적인 장면들을 하나도 놓치지 않고 자세하게 다루고 있다.

세계의 전쟁 ❸
# 프랑스 1940
### 제2차 세계대전 최초의 대규모 전격전
알란 셰퍼드 지음 | 김홍래 옮김 | 한국국방안보포럼 감수 | 값 13,000원

1940년, 독일의 승리는 세계를 놀라게 했다. 유럽의 강대국이자 세계에서 가장 거대한 군대를 보유하고 있던 프랑스는 불과 7주 만에 독일군에게 붕괴되었다. 독일군이 승리할 수 있었던 비결은 무기와 전술을 세심하게 개혁하여 '전격전'이라는 전술을 편 데 있었다. 신속하게 기동하는 기갑사단들은 장갑화된 차량에 탑승한 보병들의 지원을 받아 적의 저항선을 휩쓸었고 통상적인 수평 폭격기와 무시무시한 슈투카 급강하 폭격기들이 그들을 도왔다. 이 책은 제2차 세계대전 기간 중 프랑스 전투에서 독일이 승리할 수 있는 원동력이 된 서부전선 전격전을 상세하게 다루고 있다. 프랑스 전투의 배경과 연합군과 독일군의 부대, 지휘관, 전술과 조직, 그리고 장비를 살펴보고, 프랑스 전투의 중요한 순간순간을 일종의 일일전투상황보고서식으로 자세하게 다루고 있다. 당시 상황을 생생하게 보여주는 기록 사진과 전략상황도 및 입체지도를 함께 실어 이해를 돕고 있다.

세계의 전쟁 ❹
# 칸나이 BC 216
### 카르타고의 명장 한니발, 로마군을 격멸하다
마크 힐리 지음 | 정은비 옮김 | 한국국방안보포럼 감수 | 값 13,000원

칸나이 전투는 열세한 카르타고군이 막강한 로마군을 포위하여 섬멸한 역사상 가장 위대한 전투 중 하나로 평가받고 있다. 칸나이 전투 승리 뒤에는 카르타고의 명장 한니발이 있었다. 칸나이 전투에서 한니발이 펼친 전략은 오늘날에도 전 세계 많은 군사학교에서 상세하게 가르치고 있을 정도로 완벽한 전투의 표본이 되고 있다. 칸나이 전투에서 로마군은 보병 8만 명, 기병 6,000명으로 구성된 군대로 한니발에 대적했다. 이에 비해 한니발이 이끄는 카르타고군은 보병 4만 명, 기병 1만 명에 불과했다. 한니발은 수적으로 두 배에 달하는 로마군을 교묘한 유인술로 끌어들여 궤멸시킴으로써 칸나이 전투에서 대승리를 거두었다. 이 책은 카르타고의 명장 한니발이 칸나이 전투에서 어떻게 막강한 로마군에게 승리할 수 있었는지를 역사적·고고학적 자료들을 근거로 자세하게 설명하고 있다.

**지은이** 니콜라스 세쿤다(Nicolas Sekunda)
1953년에 태어났다. 영국 맨체스터 대학에서 고대사와 고고학을 공부했으며, 1981년 박사학위를 취득했다. 폴란드와 이란, 그리스에서 고고학 발굴 작업에 참여했으며, 브리티시 인스티튜트 오브 퍼시안 스터디즈(British Institute of Persian Studies)의 고대 페르시아 전쟁과 관련된 연구 프로젝트에 참여했다. 많은 책과 학술 기사를 발표했으며, 최근에는 폴란드 토룬(Torun)의 인스티튜트 오브 아케올로지 앤드 에트놀로지(Institute of Archaeology and Ethnology)에서 학생들을 가르치고 있다.

**그린이** 리처드 후크(Richard Hook)
1938년생으로 라이게이트 컬리지 오브 아트(Reigate College of Art)에서 교육을 받았다. 왕립연대 1대대(1st Bn, Queen's Royal Regiment)에서 군복무를 했으며, 1960년대에 호평을 받은 잡지 ≪파인딩 아웃(Finding Out)≫의 아트 에디터로 근무했다. 그 이후 프리랜서 일러스트레이터로 활동하고 있다. 특히 아메리카 인디언의 문화에 대한 깊은 지식으로 세계적인 명성을 얻었다. 또한 오스프리(Osprey) 출판사의 30권이 넘는 책에 삽화를 그렸다.

**옮긴이** 정은비
한국외국어대학교 불어과를 졸업하고 파리 소르본 대학에서 수학했다. 다양한 단체에서 한국문화를 불어권에 소개하는 책자 제작 작업에 참여한 경력이 있으며, 방송 프로그램의 영상번역가로도 일했다. 현재 인트랜스 번역원 소속 프리랜서 번역가로 활동 중이다.
옮긴 책으로는 『방사능은 정말로 위험할까?』, 『새는 왜 날개를 갖고 있을까?』, 『숫자란 무엇일까?』가 있다.

**감수자** 허남성
육사(26기)와 서울대 사회학과를 졸업하고 미국 오하이오주립대에서 역사학 석사·박사(전쟁사 전공) 학위를 받았다. 현재 국방대학교 군사전략학부 교수로 재직 중이다. 육사 교수와 대통령 비서실 국제안보 담당관·대통령 경호실장 보좌관을 지냈으며, 국방대 교수부장과 안보문제연구소장을 역임했다. 국무총리실, 국방부, 통일부, 육군본부 등 여러 기관의 자문위원과 KBS 객원해설위원 등으로 활동해왔다. 『세계전쟁사』(공저) 등을 비롯한 7권의 저서와 번역서가 있으며, 안보·군사·전쟁사 분야에 관한 40여 편의 논문과 30여 편의 정책연구보고서가 있다.

세계의 전쟁 ❺

# 마라톤 BC 490
페르시아 제국의 무패 신화를 깨뜨린 마라톤 전투

초판 1쇄 인쇄 2007년 1월 11일
초판 1쇄 발행 2007년 1월 19일

지은이 | 니콜라스 세쿤다
그린이 | 리처드 후크
옮긴이 | 정은비
펴낸이 | 김세영
펴낸곳 | 도서출판 플래닛미디어

주소 | 121-839 서울 마포구 서교동 381-38 3층
전화 | 3143-3366
팩스 | 3143-7996
등록 | 2005년 9월 12일 제 313-2005-000197호
이메일 | webmaster@planetmedia.co.kr

ISBN 978 89-92326-08-7 04390
ISBN 978 89-92326-00-1 (세트)